ひかりのくに保育ポケット新書⑤

話して！　遊んで！　楽しんで！

アイデアたっぷり年中行事

～行事と季節のおはなし&あそび88～

すとうあさえ／著

ひかりのくに

はじめに

日本には四季によって美しく変化する豊かな自然があります。そして、一年を通して、さまざまな行事があります。春が来る前に悪い鬼(病気や災害)を追い払う節分。秋の実りを感謝する十五夜。子どもの成長を祈る七五三。行事は人々の自然への祈りと感謝の気持ちが形となり、今に受け継がれてきました。まずわたしたち大人が、それぞれの行事に込められた先人の思いを感じとり、子どもたちに伝えていくことが大切だと思います。

花・木・草・土・雲・川・風・小さな生き物たちのすべてが子どもたちの楽しい友達であり、育ちのエネルギーをくれる頼もしい仲間です。泥あそびのネチョネチョ、花のみつの味、木の幹のゴツゴツ、キンモクセイの香り、雨音のリズム……。子どもたちには、身近な自然と五感でたっぷり遊んでほしいと思います。

このハンドブックは、保育に季節の行事と自然を楽しく取り入れてほしいという願いを込めて作りました。忙しい日々の暮らしの中で季節の変化を感じとる目安にしてもらえたらと、人と自然がコミュニケーションしてつくりあげてきたすてきな暦「二十四節気」も、108・109ページで紹介しています。

春・夏・秋・冬、そしてまた春。季節は、太陽と地球があるかぎり、何度も巡ってきます。おおらかな季節の移り変わりの中で、子どもたちの成長をゆったり、しっかり支えてあげてください。そのお手伝いができたらうれしいです。

なお、活動の提案について現場の先生方に興味深いお話をたくさんお聞きすることができました。学校法人　林間のぞみ幼稚園の藤本吉伸園長、名倉三枝先生、都内企業内保育園の齊藤博幸先生、宮坂由紀子先生、学校法人駒場けやき学園駒場幼稚園のみなさまに心より感謝いたします。

子どもたちはひとりひとりみんな違います。本書にも４月に年中組になったばかりの三人組が登場します。やんちゃなやっくん、しっかりしいちゃん、ゆっくりゆうくんです。保育者２年生の春子先生といっしょに、一年を通して行事を遊び、自然を遊びます。クラスの子どもたちの姿を重ねながら、季節とともにページをめくっていってください。

すとうあさえ

本書の特長と使い方

本書は、月ごとに「月の扉」と「行事」で構成されています。「月の扉」では、その月の特徴や季節感を生かす方法などを、「行事」のページでは、由来・成り立ちや豆知識などを紹介しています。さらに、各項目ごとに小さなお話とあそびを紹介。行事と季節・自然を保育に取り入れるヒントがいっぱいです。

保育に生かそう！ ○月の季節感
四季の移ろいに気づくきっかけに

その月の季節感を保育に生かしながら、自然と仲良くなる提案です。

月の扉

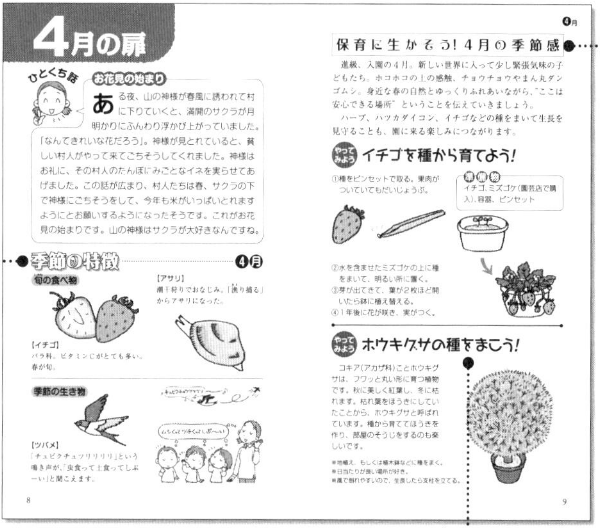

4月の扉

ひとくち話

お花見の始まり

ある夜、山の神様が春風に誘われて村に下りていくと、満開のサクラが月明かりにふんわり浮かび上がっていました。「なんてきれいな花だろう」。神様が見とれていると、貧しい村人がやって来てごちそうしてくれました。神様はお礼に、その村人のたんぼにみごとなイネを実らせてあげました。この話が広まり、村人たちは春、サクラの下で神様にごちそうをして、今年も米がいっぱいとれますようにとお願いするようになったそうです。これがお花見の始まりです。山の神様はサクラが大好きなんですね。

季節の特徴　4月

旬の食べ物

【イチゴ】
バラ科。ビタミンCがとても多い。春が旬。

【アサリ】
潮干狩りでおなじみ。「漁り捕る」からアサリになった。

季節の生き物

【ツバメ】
「チュピクチュツリリリリ」という鳴き声が、「虫食って土食ってしぶーい」と聞こえます。

8

4月

保育に生かそう！4月の季節感

進級、入園の4月。新しい世界に入って少し緊張気味の子どもたち。ホコホコの土の感触、チョウチョウやまん丸ダンゴムシ。身近な春の自然とゆっくりふれあいながら、"ここは安心できる場所"ということを伝えていきましょう。

ハーブ、ハツカダイコン、イチゴなどの種をまいて生長を見守ることも、園に来る楽しみにつながります。

やってみよう　イチゴを種から育てよう！

準備物
イチゴ、ミズゴケ（園芸店で購入）、容器、ピンセット

①種をピンセットで取る。果肉がついていてもだいじょうぶ。
②水を含ませたミズゴケの上に種をまいて、明るい所に置く。
③芽が出てきて、葉が2枚ほど開いたら鉢に植え替える。
④1年後に花が咲き、実がつく。

やってみよう　ホウキグサの種をまこう！

コキア（アカザ科）ことホウキグサは、フワッと丸い形に育つ植物です。秋に美しく紅葉し、冬に枯れます。枯れ葉をほうきにしていたことから、ホウキグサと呼ばれています。種から育ててほうきを作り、部屋のそうじをするのも楽しいです。

※地植え、もしくは植木鉢などに種をまく。
※日当たりが良い場所が好き。
※風で倒れやすいので、生長したら支柱を立てる。

9

季節の特徴
身近な自然に気づき、ふれあうきっかけに

その季節に見られる生き物や、食に関心を持つきっかけとして旬《しゅん》の食べ物などを紹介。日常の保育の中で、身近な自然に気づきふれあうヒントとして活用してください。保護者へのお便りや、子どもたちへの話題にもなります。

遊んでみよう やってみよう 作ってみよう
子どもと楽しもう！

行事・季節に連動した活動の提案です。

ひとくち話
自分スタイルを探すヒントとして

行事や季節についての短いお話。通勤途中の話題、家族のエピソードなど、自分自身のことに置き換えて話すと、より子どもたちに伝わります。ひとくち話をヒントに自分スタイルを探しましょう。

なるほど!! 豆知識
へぇ! がいっぱい

知っているようで知らない、自然・行事に関する「へぇ! なるほど」を集めました。保護者へのお便りや、子どもたちへの話題にもなります。

行事

5月5日

こどもの日 端午の節句

ひとくち話

おとうさん、おかあさんの願い

きょう、電車の中からこいのぼりが見えました。みんなは魚のコイを見たことがあるかな？

昔、コイは滝を登ってりっぱな竜になると言われていました。そこでおとうさんとおかあさんは、子どもたちがコイのようにがんばって、りっぱな人になりますようにと願って、こいのぼりを立てるようになったそうです。

昔、5月5日は男の子の成長を祝う日でしたが、今は「こどもの日」ですね。子どもたちみんなが幸せに大きくなりますようにと願う日です。みんな、元気に楽しく、大きくなっていきましょうね。

由来・成り立ち

端午とは月初めの午《うま》の日を意味します。中国では5月は悪い月とされ、「午」が「ご」に通じることから、5月5日に厄払いをしました。この風習に、豊作を祈るために少女が菖蒲で作った小屋にこもる日本古来の風習が合体。さらに武士の時代になると、「菖蒲」が「尚武(武を尊ぶ)」に重なることから、男の子の成長を願う節句となりました。

1948年に、「こどもの人格を重んじ、こどもの幸福をはかるとともに、母に感謝する」趣旨で「こどもの日」となりました。

22

5月

なるほど!! 豆知識

なぜ端午の節句にかしわもちを食べるの?

カシワの葉は、親葉が枯れても新芽が伸びるまで地面に落ちません。子を思う親の気持ちと重なるので、カシワの葉で包んだもちを食べます。

菖蒲《しょうぶ》湯

菖蒲湯(菖蒲を湯船に浮かべる)に入って厄払いをします。

なぜ菖蒲なの?

菖蒲には強い香りがあるので、昔から病気や災いをはらう薬草として使われてきました。

菖蒲と花菖蒲って同じ?

端午の節句で使う菖蒲はサトイモ科の多年草で、花はじみです。アヤメや花菖蒲はアヤメ科で、とてもきれいな花を咲かせます。

やってみよう 端午の節句のおまじない

水を入れたたらいに菖蒲を浸して柔らかくし、ひとりひとり頭に結んであげましょう。頭が良くなり、一年中頭痛にならないそうです。

23

由来・成り立ち
行事を知る、始めの一歩!

行事が行なわれる意味や成り立ちなどを紹介。

その他の行事や記念日

大きく取り上げなかった行事や記念日について紹介。保護者へのお便りにも活用できます。

CONTENTS

Staff
イラスト／おかじ伸・ナシエ
本文レイアウト／永井一嘉
企画・編集／岡本　舞・安藤憲志
・長田亜里沙
校正／白河　泉・堀田浩之

せんせいもすき〜!!

4月の扉

ひとくち話

お花見の始まり

ある夜、山の神様が春風に誘われて村に下りていくと、満開のサクラが月明かりにふんわり浮かび上がっていました。「なんてきれいな花だろう」。神様が見とれていると、貧しい村人がやって来てごちそうしてくれました。神様はお礼に、その村人のたんぼにみごとなイネを実らせてあげました。この話が広まり、村人たちは春、サクラの下で神様にごちそうをして、今年も米がいっぱいとれますようにとお願いするようになったそうです。これがお花見の始まりです。山の神様はサクラが大好きなんですね。

季節の特徴 4月

旬《しゅん》の食べ物

【イチゴ】

バラ科。ビタミンCがとても多い。春が旬。

【アサリ】

潮干狩りでおなじみ。「漁《あさ》り捕る」からアサリになった。

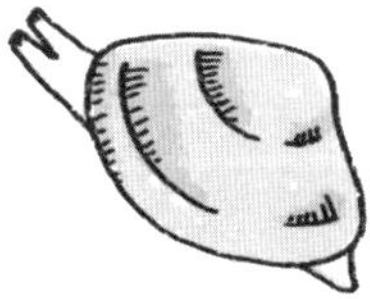

季節の生き物

【ツバメ】

「チュビクチュツリリリリ」という鳴き声が、「虫食って土食ってしぶーい」と聞こえます。

チュビクチュツリリリリ

ムシくってツチくってしぶ〜い

保育に生かそう! 4月の季節感

進級、入園の4月。新しい世界に入って少し緊張気味の子どもたち。ホコホコの土の感触、チョウチョウやまん丸ダンゴムシ。身近な春の自然とゆっくりふれあいながら、“ここは安心できる場所”ということを伝えていきましょう。

ハーブ、ハツカダイコン、イチゴなどの種をまいて生長を見守ることも、園に来る楽しみにつながります。

やってみよう イチゴを種から育てよう!

①種をピンセットで取る。果肉がついていてもだいじょうぶ。

準備物
イチゴ、ミズゴケ（園芸店で購入）、容器、ピンセット

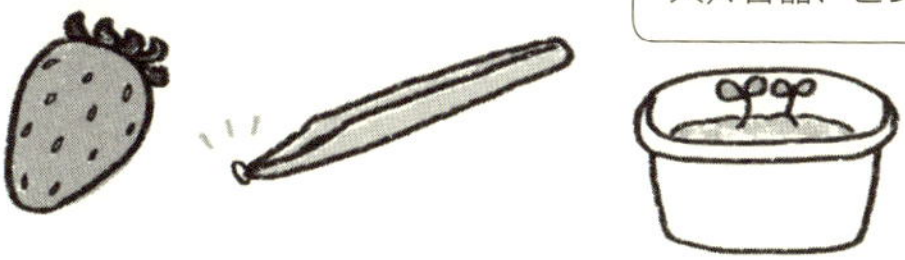

②水を含ませたミズゴケの上に種をまいて、明るい所に置く。
③芽が出てきて、葉が2枚ほど開いたら鉢に植え替える。
④1年後に花が咲き、実がつく。

やってみよう ホウキグサの種をまこう!

コキア（アカザ科）ことホウキグサは、フワッと丸い形に育つ植物です。秋に美しく紅葉し、冬に枯れます。枯れ葉をほうきにしていたことから、ホウキグサと呼ばれています。種から育ててほうきを作り、部屋のそうじをするのも楽しいです。

※地植え、もしくは植木鉢などに種をまく。
※日当たりが良い場所が好き。
※風で倒れやすいので、生長したら支柱を立てる。

4月初旬

始　業　式

ひとくち話

進級した子どもたちへ

園に来るときに、わたしがいつもあいさつをするイチョウの木があります。

4月になって、この前までとても小さかった葉っぱが、グンと大きくなっていてびっくりしました。

そしてきょう、みんなに会って、またびっくり。名札の色も変わって、ちょっとお兄さん、お姉さんになったような気がします。背も伸びたかな？　足も長くなったかな？　首も伸びたかな？……なんてことはありませんね。○○組の皆さん、きょうからまた、楽しく元気に遊びましょう。

やってみよう さあ、遊び初め！

みんなで宝探し

保育者「朝、先生が来たら、こんな手紙が置いてありました。『新しい○○組のみんなへ。部屋のどこかに宝物を隠しておいたよ。探してごらん。ヒントは「え」のつくものだよ。○○大王より』ですって。○○大王？　何者かしら。「え」のつくものって何かしら」

最初の日から全員総力挙げての宝探し大会。「え」のつくものとは絵本です。絵本の間に、ひとりひとりへの楽しい「よろしくカード」を隠しておきます。

入園式 新入園児歓迎会

ひとくち話

みんな友達

皆さん、○○園にようこそ！　きょうから皆さんは、○○園の仲間です。○○園にはいろんな友達がいます。サクラや夏ミカンやモミジの木、ウサギさん、ニワトリさん。チューリップやタンポポ、アリやダンゴムシ、そしてわたしと、ほら、お隣にはだれがいるかな。みんな○○組のお友達です。泥あそびをしたり、木に登ったり、水あそびをしたり、絵本を読んだり、歌をうたったり、楽しいことをいっぱいして遊びましょうね。

やってみよう　これからよろしく！　わたし流ごあいさつ

スキンシップ

目と目をしっかり合わせて、ひとりひとりと“初めまして”の握手をします。保育者の手の温もりが、子どもたちの小さな手に優しく残ることでしょう。

得意を披露

初日から遊ぼう！　をテーマに、保育者がいちばん得意なことを披露するのも楽しいです。手品、ギターの弾き語り、草笛、絵本の読み語り、踊りなど、なんでもいいのです。技を一つ磨いてください。

4月（毎月共通）

お誕生会

ひとくち話

みんなに一つずつある日

今月は○○くん、○○ちゃんのお誕生月です。おめでとうございます。お誕生日は、みんなに一つずつあります。ウサギのモコちゃんにも、お庭のケヤキの木にも、すべての“命”に一つずつあります。

3歳になった人、4歳になった人、5歳になった人、6歳になった人、みんな1歳ずつ大きくなりました。4月に生まれたお友達みんなへ、心からおめでとうございます！

なるほど!! 豆知識 12か月の誕生花《たんじょうか》

4月　デイジー

5月　スズラン

6月　バラ

7月　スイートピー

8月　ヒマワリ

9月　リンドウ

10月　コスモス

11月　キク

12月　シクラメン

1月　スイセン

2月　フリージア

3月　チューリップ

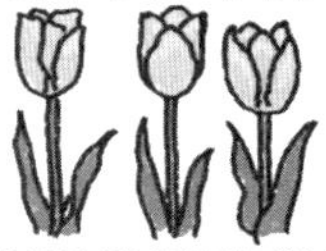

※誕生花には諸説あり、ここで紹介したのはその一例です。

やってみよう　きょうはあなたが主役の日

お誕生日は特別大切な日です。登園したときに、「おはよう」のあいさつとともに、「お誕生日おめでとう！」と、お祝いの言葉をかけます。そして何色かのバースデーリボンから一つ選んでつけてもらいます。リボンをつけている人は、きょうがお誕生日。みんなから会うたびに「おめでとう」の声がかかります。

また、園全体でのお誕生会のとき、この日限定の誕生日イス（イスカバーつき）を用意すれば、厳かな雰囲気をつくりだすことができます。さらに誕生花（12ページ参照）を飾ると、生まれた月の季節感も感じることができます。

※お誕生日が休みの日にあたる場合は、本人の了解を得て早めにお祝いします。

バースデーリボン(一例)の作り方

①図のように輪を三つ作ります。

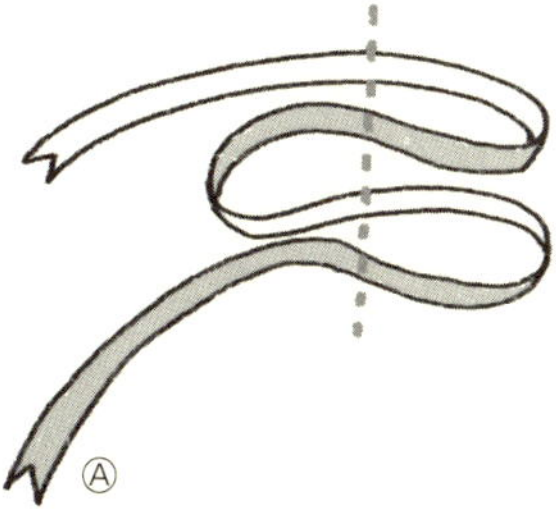
Ⓐ

②図のようにⒶでぐるりと巻き、チョウチョウ結びの要領でもう一つ輪を作ります。

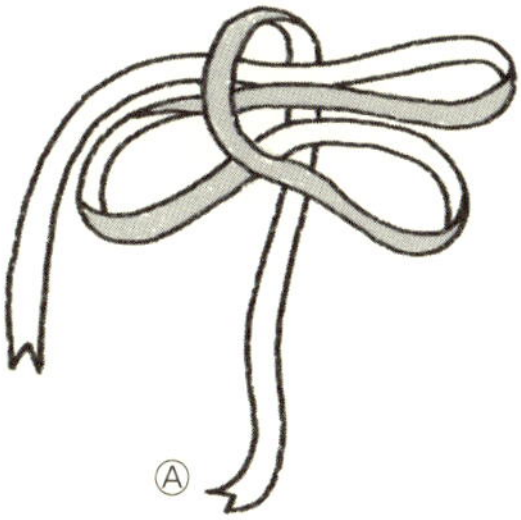
Ⓐ

③図の位置を引っ張ると、中心が固く締まります。

④出来上がり。

今日はしいちゃんのおたんじょうびです！
おめでとう－！

やって みよう 演出ア・ラ・カルト

教えて！　インタビュー

お誕生日のお友達のことを、みんなによく知ってもらいましょう。「何になりたいの？」「好きな食べ物は？」「宇宙旅行のチケットが2枚あります。だれを誘いますか？」など、楽しい質問をたくさん考えて、インタビューしてみましょう。

わたしの『誕生物語』

お誕生日当日に、各組でその子どもだけのお祝いをします。成長の記録や保護者に取材したことを元に、生まれたときのようす、初めての言葉、赤ちゃん時代のエピソードなどをみんなに披露します。

※お誕生日が休みの日にあたる場合は、本人の了解を得て早めにお祝いします。

ゆう君誕生物語

ゆう君は、4月12日の朝早く、「オギャーッ」て元気な産声をあげて生まれました。小さな赤ちゃんでしたが、ミルクをいっぱい飲んで、よく眠って、スクスク大きくなっていきました。

ゆう君が初めてしゃべった言葉は「マンマ」です。おかあさんは、わたしのことだって喜んだそうですが、ほんとうはね、「ごはん」のことだったんですって。おかあさん、がっかり。

ゆう君の「ゆう」は、おとうさんの名前「ゆうき」からとったそうです。

5歳のお誕生日おめでとう。ゆう君！

創立記念日

ひとくち話

園の誕生日

あした○月○日は、○○園のお誕生日です。今年で○歳になります。ちょうどみなさんのおかあさんと同じぐらいかしら（身近な人を例に出すと、園の年齢をイメージしやすい）。遊んだり、お弁当を食べたり、歌をうたったり。わたしたちは○○園の中で、楽しく過ごしていますね。「お誕生日おめでとう。いつもありがとう」って、○○園のお誕生日をお祝いしましょう。

やってみよう ○○園物語

園の歴史をひもといて、短いお話を作り、大きな紙芝居にします。例えば、園が建つ前ここはたんぼだったとか、園庭のサクラの木は第１回目の卒園生が植えたとか、さまざまなエピソードをつづるだけですてきな物語になります。園歌や、よくうたう歌をお話に組み込むと、子どもたちも参加できます。一年に１回、創立記念のお祝い会で上演するスペシャル物語の誕生です。

5月の扉

ひとくち話

厚着のタケノコくん

やお屋さんの店先に、泥がついたりっぱなタケノコがドーンッと並んでいます。土のにおいがして、まるで「今、山から下りてきたよーっ」ていう感じです。缶詰などのタケノコは一年中お料理に使いますが、泥つき、皮つきのタケノコは今の時季しか食べることができません。手に入ったら、おかあさんといっしょに皮をむいてみてください。いったい、何枚皮を着ているかな。泥つきのタケノコは、山からのおいしい贈り物ですね。

季節の特徴 ……… 5月

旬《しゅん》の食べ物

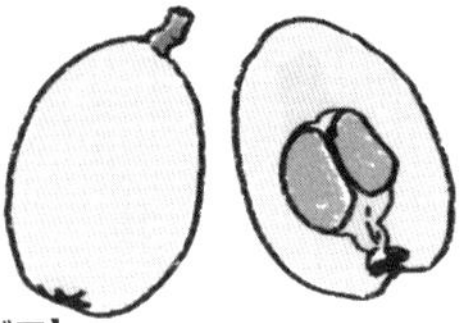

【ビワ】
色の濃い葉を煮出して、おふろに入れるといい香り。

【タケノコ】
皮を洗って、中に梅干しを挟んで吸う。初夏のおやつ（18ページ参照）。

【ソラマメ】
さやが空に向かってつくので「ソラマメ」という説がある。

【カツオ】
「目に青葉、山ホトトギス、初ガツオ」と言うように、初夏から夏の終わりにかけて捕れるカツオはおいしい。

保育に生かそう！5月の季節感

さあ、植物を育てましょう！　自分で育てて、世話をして、できた実を食べる喜び。虫も来るし、花も咲きます。失敗することもあるかもしれませんが、それも自然、それも学びです。なぜ育たなかったのかをいっしょに考えればよいのです。小さなスペースでも、工夫しだいで畑はできます。

また、植物の蒸散作用により、空気が冷却される効果があると言われている緑のカーテン作りに取り組むことも、地球温暖化が叫ばれる今、環境を考えるきっかけづくりになると思います。

やってみよう　ゴーヤ（ニガウリ）を育てよう！
緑のカーテンを作る

花が咲いたら香りをかぎ、実がなったらよく触り、感触を味わいましょう。

緑のカーテンの涼しさも体感しましょう。

準備物
ゴーヤの苗または種、ネット

①苗を植えるときは20cmほど間隔を空ける。種から育てる場合は、種をまいたら１cmほど土をかぶせる。通常、１週間ほどで発芽する。

②大きく育ち、ネットからはみ出したつるはハサミでカットする。つるがうまく巻きつかない場合は、ひもなどで結ぶ。

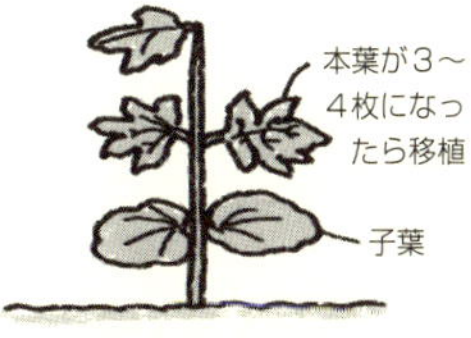
本葉が３～４枚になったら移植
子葉

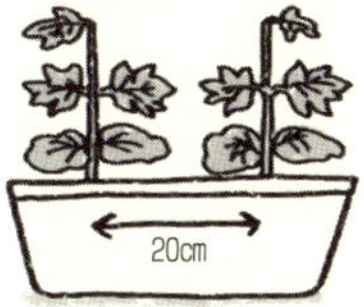
20cm

ゴーヤチップマン！
にがくないな～
おいしい！

※スライスして油で揚げて、ゴーヤチップス。

遊んでみよう 土の香り・タケノコ

準備物
タケノコの皮、梅干し

泥つきタケノコに触ったり、においをかいだり。実が出てくるまで皮をむいて、「たくさんの皮が実を守っているんだね。だから柔らかくておいしいんだね」と、自然にはむだなものがないことを話しましょう。

タケノコは下ゆでしてあくを取り、切り分けて少しずつおみやげに持って帰ってもいいし、お吸い物にしてもおいしいです。

梅干しチュウチュウ

①タケノコの皮をむいて産毛を取り、洗う。
②皮の内側に梅干しを入れ、三角になるように包むと出来上がり。

遊んでみよう 新緑の色・ソラマメ

ソラマメの厚ぼったいボヤッとしたさやは、ほのぼのしてかわいい。中には白いビロードのお布団に眠るソラマメ姫たち。

子どもたちとのんびりさやむきをしましょう。ソラマメは、塩ゆでにして味わいます。

準備物（ソラマメ人形一つ分）
ソラマメのさや（一つ）、ソラマメ（２個）、マッチ棒（２本）、糸

ソラマメ人形の作り方

①さやの一方だけ開く。もう一方はくっついたまま。
②マッチ棒の頭に糸を結び、さやに刺す。
③マッチ棒の先にソラマメを刺し、閉じると出来上がり。

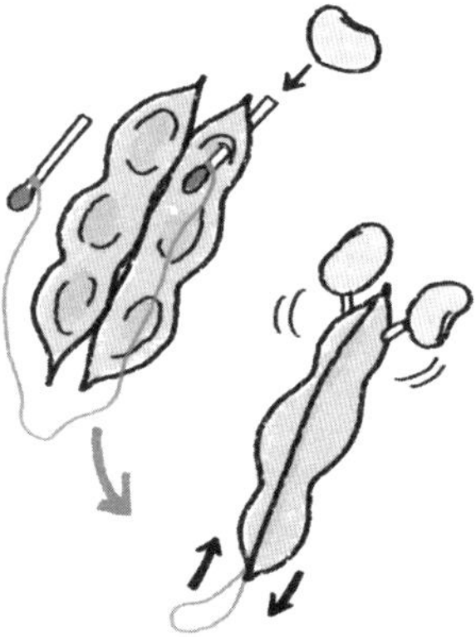

5月2日ごろ

八十八夜

お茶は植物の葉から作るんだね

みんながいつも飲んでいるお茶は、何から作るのかな（お茶の葉の実物を見せてあげるとよい）。そう、お茶の木の葉っぱから作るんです。寒い冬を越して、春から88日たちました。りっぱに育ったお茶の木が言っています。「もう葉っぱを摘んでいいですよ。栄養いっぱいのおいしいお茶になりますよ」って。

園庭にあるビワやカキ、ドクダミの葉や、ハーブもおいしいお茶になるんですよ。

やってみよう 煎茶を焙《ほう》じる香りを味わおう！

古くなった煎茶をフライパンに入れ、弱火で10分ほど焙じると、フワッといい香りがしてきます。緑茶には「青葉アルコール成分」という香り成分があり、ストレスを和らげる効果があります。さらに熱を加えると焙焼香《ばいしょうこう》気《き》成分が発生。こちらにも気持ちを落ち着かせる効果があるそうです。

園内に漂うお茶を焙じる香りを、ウンと吸い込んでリラックス。出来上がったほうじ茶も、みんなでいっしょに飲みましょう。

由来・成り立ち

立春から88日目を指し、季節が春から夏へ移るころです。「八十八夜の別れ霜」と言って、霜が降りる心配もなくなり、イネの種まきや茶摘みを始める目安の日とされています。

お茶にはカテキンやビタミンCが多く含まれ、かぜの予防やストレス解消に効果があるそうです。特に新茶には冬を越えて蓄えられた栄養分がたっぷり。八十八夜に摘み取られるお茶を飲むと、長生きするとも言われています。

5月4日
みどりの日

木の友達をつくろう

わたしには、木の友達がいます。大きなクヌギの木で、100歳ぐらいかな。

幹が太くて、がっちりしていて、触るとザラザラしています。秋には実や葉っぱをどっさり落として、はだかん坊になるけれど、春には黄緑色の小さな葉っぱをいっぱい生やします。

わたしは木の前に行くと、まず「こんにちは！」ってあいさつして、「しいちゃんがね……」ってみんなのことを話します。ずっと昔から同じ所で生きている木に触ると、わたしも元気になります。みんなも、木の友達を見つけたら教えてね。

遊んでみよう 木と友達になる方法

子どもたちに木の大切さを知ってもらうためには、身近な所に木の友達を持つことです。まず、幹に触ったり、話しかけたり、木の下でボーッとしたり……。五感で、木っていいね！　と感じることから始めましょう。一本の木を大事にする子どもは、すべての木を大事にする大人になることでしょう。

●まず、あいさつ。

●太い幹に触ってみよう。どんな感じ？

●葉っぱを取って、ちぎってにおいをかいでみよう。

●木に寄りかかって、空を見上げてボーッとしてみよう。木漏れ日がチラチラ見えるかな。風が揺らす葉の音が聞こえるかな。

●幹に虫がいるかな。枝に小鳥がいるかな。じっくり見てみよう。

●また来るね。さようならとあいさつして帰ろう。

●時々会いに行こう。季節によって、木がいろいろな姿を見せてくれます。

由来・成り立ち

「自然に親しむとともにその恩恵に感謝し、豊かな心をはぐくむ」日です。木は二酸化炭素を吸収して酸素を出し、空気中の汚れた空気を吸ってくれます。森はさまざまな生き物を育て、山の木は根っこを大地にしっかり張って土砂崩れを防いでくれます。地球温暖化が問題になっている今、緑の働きに注目し、大切にする心を育てていきましょう。

5月5日

こどもの日 端午の節句

ひとくち話

おとうさん、おかあさんの願い

きょう、電車の中からこいのぼりが見えました。みんなは魚のコイを見たことがあるかな？

昔、コイは滝を登ってりっぱな竜になると言われていました。そこでおとうさんとおかあさんは、子どもたちがコイのようにがんばって、りっぱな人になりますようにと願って、こいのぼりを立てるようになったそうです。

昔、5月5日は男の子の成長を祝う日でしたが、今は「こどもの日」ですね。子どもたちみんなが幸せに大きくなりますようにと願う日です。みんな、元気に楽しく、大きくなっていきましょうね。

由来・成り立ち

端午とは月初めの午《うま》の日を意味します。中国では5月は悪い月とされ、「午」が「ご」に通じることから、5月5日に厄払いをしました。この風習に、豊作を祈るために少女が菖蒲《しょうぶ》で作った小屋にこもる日本古来の風習が合体。さらに武士の時代になると、「菖蒲」が「尚武(武を尊ぶ)」に重なることから、男の子の成長を願う節句となりました。

1948年に、「こどもの人格を重んじ、こどもの幸福をはかるとともに、母に感謝する」趣旨で「こどもの日」となりました。

なるほど!! 豆知識

なぜ端午の節句にかしわもちを食べるの?

カシワの葉は、親葉が枯れても新芽が伸びるまで地面に落ちません。子を思う親の気持ちと重なるので、カシワの葉で包んだもちを食べます。

菖蒲湯《しょうぶゆ》

菖蒲湯(菖蒲を湯船に浮かべる)に入って厄払いをします。

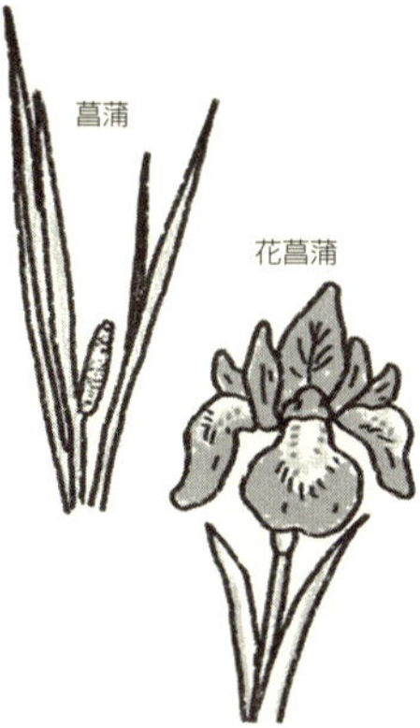

なぜ菖蒲なの?

菖蒲には強い香りがあるので、昔から病気や災いをはらう薬草として使われてきました。

菖蒲と花菖蒲って同じ?

端午の節句で使う菖蒲はサトイモ科の多年草で、花はじみです。アヤメや花菖蒲はアヤメ科で、とてもきれいな花を咲かせます。

やってみよう 端午の節句のおまじない

水を入れたたらいに菖蒲を浸して柔らかくし、ひとりひとり頭に結んであげましょう。頭が良くなり、一年中頭痛にならないそうです。

遊んでみよう

こいのぼりを作ろう

風と色と模様で遊ぶ

外あそびが気持ちの良い季節。体を動かして、のびのび絵の具あそびを楽しみましょう。

こいのぼりにすることを先に言ってしまうと、先入観がじゃまをして模様がつまらなくなってしまいます。風が布を揺らして思わぬ模様になったり、色と色が混ざって自分色ができたり、色と模様を遊ぶ活動ととらえてください。

園庭でできない場合は部屋にブルーシートを広げ、その上に布を敷いて周囲をクラフトテープなどで固定します。カップは使わず、筆と手と足で模様をかきます。

準備物

古いシーツ(無地)、ポスターカラー(黄・緑・青・ピンク・白など)、バケツ(色の数)、筆を洗うバケツ、カップ(プリンやヨーグルトなどの容器)、筆、ひも、おたま、エプロン

①木と木、あるいはフェンスや遊具の柱などを利用してひもを張り、古シーツを落ちないように留める。

②色ごとにバケツを変えて、ポスターカラーを薄めに水で溶く。

③あそびスタート！　カップで色をすくってシーツにかけたり、筆で模様をかいたり、手に色をつけてペタペタくっつけたり。色の川が地面にできて、川あそびになることもある。

④シーツに模様をかき終わったら、保育者が干す。

※人数分に切って小さなこいのぼりを作り、持ち帰ってもよい。

⑤乾いたら筒型に縫い、目を大きくかく。口の部分に針金を通してしっかりした輪を作り、つるすためのひもをつける。しっぽの部分を切ったり、うろこをかき加えたりしてもよい。

母の日

ひとくち話

わたしの、ぼくの、おかあさん

わたしのおかあさんは、お料理がとてもじょうずです。冷蔵庫の中を見て、残っている野菜やお肉でチャチャッとおいしい料理を作ってくれます。力もあるんですよ。お天気の良い日は、お布団を「えいっ」と持ち上げて、ベランダに干します。わたしも、おかあさんみたいなおかあさんになりたいなと思います。

今度の日曜日はおかあさんの日です。みんなのおかあさんの話も聞かせてください。

作ってみよう 変わらない愛の形

「おかあさんの顔の形だ！」って思う石を選びます。拾いに行ってもよいし、前もって集めておいてもよいでしょう。子どもたちが、絵の具でおかあさんの顔をかきます。小さな手の平に乗る、かわいい小石ママをプレゼント。裏に日づけを書くのも忘れずに。すてきな思い出になります。

父の日にも、おとうさんの顔を石にかいてプレゼントしましょう。ペアのペーパーウェイトの出来上がりです。

由来・成り立ち

アメリカのウエスト・ヴァージニア州に住んでいたジャービスさんは、41歳のとき母親を亡くしました。彼女は母の命日に、感謝を込めて参列者ひとりひとりに母が好きだった白いカーネーションを渡しました。この話を聞いたアパート経営者が1908年に「母に感謝する日を！」と運動を始め、1914年に公式の祝日になりました。日本では1949年ごろから一般に祝われるようになりました。

コラム　5月10日～16日 愛鳥週間

愛鳥週間は、鳥への知識を深めて愛情をはぐくむために作られました。1894年、アメリカのペンシルバニア州オイルシティ市の教育長バブコック氏が、毎年4月に行なっていた植樹祭と小鳥のための「バードデー」を結びつけて同時に行なったのが始まりです。

日本では1947年4月10日に第1回バードデーが実施され、その後1950年から、5月10日～16日までを愛鳥週間としました。

世界初の、大規模な愛鳥運動のお話を紹介しましょう。

ツバメを救おう！

ずっと昔、1931年の秋のことです。ツバメたちはオーストリアのウィーンからアルプスを越えてアフリカへと飛び立とうとしていました。ところが急に冷えこみ、寒さに弱いツバメたちは次々に凍えて死んでいきました。ウィーンの動物愛護協会は新聞で「ツバメを救おう！」と呼びかけました。すると、たくさんの人が弱ったツバメを巣箱に入れて協会へ送ってきました。協会は空き家を借り、暖房で暖めた部屋でツバメの世話をしました。ツバメの家はもう超満員。協会は、元気になったツバメを飛行機やツバメ専用の貨車をつけた汽車に乗せてアルプスを越え、イタリアのベネチアへと運びました。もちろん運搬費はただです。ツバメたちは無事、ベネチアから自分の羽でアフリカへと飛んでいったそうです。

6月の扉

ひとくち話

雨は好き？　嫌い？

雨の日が続きますね。みんなは雨が好き？　雨が降ると大喜びする生き物がいます。そう、カタツムリ、カエル、ミミズ、ナメクジ……。チョウチョウはどうかな？　チョウチョウは羽がぬれてしまうと飛べなくなってしまうので、雨はあまり好きではないんですって。雨がやむまで、葉っぱの下などでじっと雨宿りをしています。

　今度、雨の日にお散歩してみましょう。カタツムリやチョウチョウに会えるかもしれませんね。

季節の特徴　6月

旬《しゅん》の食べ物

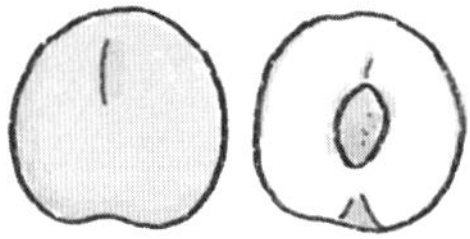

【スモモ】
スモモは英語で「プラム」と言う。

季節の生き物

【アマガエル】
「ゲッゲゲッゲゲッゲゲッ、クワックワックワッ」と、アマガエルがよく鳴くと雨が降る。

【ホタル】
ホタルが育つのは、きれいな水がある所。

【ホタルブクロ】
捕まえたホタルを入れたからこの名前がついた。

【クチナシ】
ストローに花の軸を差し込むと風車。とてもいい香り。

保育に生かそう! 6月の季節感

6月は雨の季節。ウメの実が熟すころに降る雨なので、「梅《つ》雨《ゆ》」と言います。やお屋さんの店先に青ウメが並んだら、旬の食材青ウメを、子どもたちに触らせてあげてください。どんな触り心地がするでしょう。

さらに園で子どもたちとウメシロップを作ってみるのもいいですね。しこんでから飲めるようになるまで約1か月。「まだかな、まだかな」「もういいかな？」と、楽しみに待つ体験はとても大切です。やっと飲めたときのひとくち目のおいしさといったら、もう最高！　みんなで作った、園の味です。

やってみよう ウメシロップを作ろう!

①青ウメを洗い、竹ぐしでへたを取り、ブツブツと穴を空ける。

準備物
青ウメ（1kg）、氷砂糖（1kg）、保存瓶（煮沸消毒しておく）、竹ぐし

②青ウメをふく。

③保存瓶に氷砂糖と青ウメを交互に入れていく。

④ふたをしてしこんだ日づけをシールに書いてはる。

⑤冷暗所に置いて、約1か月待つ。

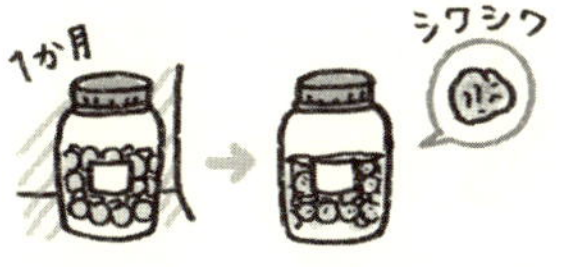

⑥青ウメがシワシワになったらエキスが出たサイン。青ウメを取り除いて、シロップを水で薄めて飲む。

※出来上がる時期は、ちょうどプールが始まったころ。プール上がりにウメシロップをふるまってあげましょう。

遊んでみよう 雨よ、ふれふれ！ のおまじない

空梅雨《からつゆ》だとイネや野菜の生育に良くないし、水不足になったら飲料水や夏のプールにも影響が出てきます。また、地球の表面の⅔は海です。海→水が蒸発して雲→雨→地下水→川→海→水が蒸発して雲→雨……というように、水は絶えず循環しています。雨はその輪の中で大切な役割を持って地上に降り注いでいるのです。

遊びながら、子どもたちに雨の大切さを伝えていきましょう。

導入：きょう、園に来る途中、道にカラカラになったミミズが何匹もいました。かわいそうになりました。ミミズは雨が好きなんですね。雨を降らしてくださいって、空にお願いしてみましょう。どうしたらいいかな？（子どもたちのアイデアを聞いてみる）

ふるふる坊主を作ろう！

「あーした　天気にしておくれ」のてるてる坊主の逆で、「あーした雨にしておくれ」のふるふる坊主を作ってみましょう。自分たちで作ったふるふる坊主に名前をつけてあげると、親しみも倍増します。

てるてる坊主を作り、全体をレインコートに見たてたカラービニールでおおえば出来上がりです。

雨ごいの踊りを作って踊ろう!

「○○園流雨ごい踊り」を作りましょう。昔は実際に、農村地帯などでよく見られたようです。地域によっては今も踊りが残っている所もあります。みなさんの地域ではどうですか。お年寄りや郷土史家の方に聞いて習ってみるのもよいでしょう。地域と園、大人と子どもとの交流にもなります。

あめよ ふれふれ
ざぁざぁざぁ!
みみずもわらう
かえるもわらう
みーんなわらう
どんどこどん!

なるほど!! 豆知識

雨ごいの風習

昔の人は、田植えの後、干ばつになり農作物が悪影響を受けそうなとき、「雨ごい」をしました。例えば水神を怒らせるとか、川や池を干して魚を苦しめると、竜神が魚を助けるために雨を降らせるのでは……などと考えました。

また、神社の境内や池の近くで太鼓を腰につけ、鉦《かね》で拍子をとりながら、雨ごい踊りも踊りました。音が雷鳴に似ているので、空でも雷が鳴りだすと考えたようです。岡山県には、「踊り踊れば　バンババンバと雨が降る」とうたう、『バンバ踊り』があります。

6月1日(10月1日)

衣　替　え

ひとくち話

季節を感じて服を替える日

昔の人たちは、みんな着物を着て暮らしていました。今のようにクーラーやストーブがなかったので、夏は暑いし冬は寒いし、もう大変。そこで6月になったら薄い着物に、10月になったら綿の入った暖かい着物に、みんなでいっせいに着替えるようにしました。

今でも6月になると、おまわりさんの制服が涼しそうな服に変わりますね。わたしは制服がないので、毎朝お天気と相談して服を選ぶようにしています。きょうは暑いので、そでの短いTシャツにしました。

遊んでみよう　衣替え見つけ隊

ふだんのお散歩中、夏らしく変身しているもので季節の変化を感じましょう。

由来・成り立ち

季節に応じて衣服を着替える日。平安時代の公家は、4月・5月・6月・8月・9月・10月と、年に6回も衣替えをしました。

明治以降、官庁・学校・企業などの制服を着る所では、6月1日と10月1日を「衣替えの日」とするようになりました。季節の変化に気づくきっかけにしたい行事です。

父の日

ひとくち話

おとうさんには、バラの花

少し前のアメリカでのお話です。ドット夫人は、母の日があるのに、なぜ父の日はないのかしらと不思議に思いました。おかあさんが亡くなったあと、ひとりで6人の子どもたちを育ててくれたおとうさんのことが大好きだったからです。そこで、「おとうさん、ありがとう！」の日も作りましょうと呼びかけて、とうとう「父の日」が作られました。ドット夫人がおとうさんのお墓に白いバラを供えたので、父の日にはバラを贈る人が多いそうです。

作ってみよう 変わらない愛の形

母の日にプレゼントをした「小石ママ」のパパバージョンを作りましょう。

また、ちょうど季節は6月。蒸し暑いので、無地のうちわに自由に絵をかいてプレゼントしてもよいでしょう。

由来・成り立ち

1934年、アメリカで父の日委員会が結成され、母の日から遅れること約半世紀の1972年、当時のニクソン大統領によって、「父の日」が正式な国民の祝日となりました。日本で一般的な行事になったのは、1953年ごろからです。

7月の扉

ひとくち話

カブトムシ君

この前、ペットショップに行くと、カブトムシが売られていました。背中がピカピカ光ってりっぱでした。このカブトムシは、いったいどこからきたのかな。みんなは、カブトムシがどういう所で育つのか知ってる？　カブトムシは、秋に落ち葉の中に卵を産みます。卵から幼虫になって、さなぎになって、成虫になります。好きな食べ物はクヌギの汁。甘いんですって。クヌギの木が増えて、森でたくさんのカブトムシと会えるようになるといいね。

季節の特徴

旬《しゅん》の食べ物

【モモ】
昔から中国では不老長寿、日本では魔よけの力があるとされ、『桃太郎』の昔話となった。

季節の生き物

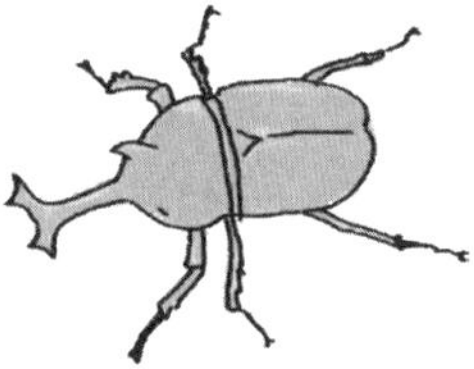

【カブトムシ】
幼虫は落ち葉や家畜の排泄物などを土にして、良い土壌を作る。

【サルスベリ】
盛夏から100日間、紅色、白色の花が咲き続けるので百日紅とも言う。クスグリノキとも呼ばれる。

保育に生かそう！ 7月の季節感

園にある夏花で遊びましょう。アサガオ、サルビア、オシロイバナ。なんでも試してみましょう。ポリ袋に花びらと水を少し入れてもむと、色がじんわり出てきます。葉っぱでもできます。お好みで水を足したりほかの花の色を混ぜたりすると、不思議色の出来上がり。

遊んでみよう 色水あそび

はっぱを
たしてみよう！
きもちいい！！
いちごジュース
みたい！
もみ
もみ

7月

【アサガオ】
蚊《か》に刺されたとき、アサガオの葉をもんでこすりつけると、かゆみが治まる。

【ホオズキ】

【ヒマワリ】
一つの花に見えるが、多数の花の集まり。500～1000個の種ができる。

ホオズキ人形

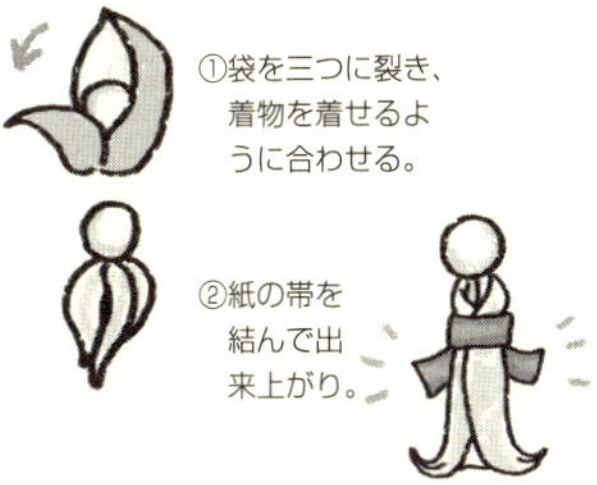
①袋を三つに裂き、着物を着せるように合わせる。
②紙の帯を結んで出来上がり。

7月7日

七　夕

ひとくち話

織姫・彦星の星物語

昔々、美しい布を織る織姫と働き者の牛飼いの彦星が結婚しました。ところがふたりは結婚してからしごともしないで遊んでばかり。天の神様はカンカンに怒って、ふたりを天の川のあっちとこっちに引き離してしまいました。織姫と彦星は心から反省して、織物と牛飼いのしごとをがんばるようになりました。そのようすを見た神様は一年に一日だけ、7月7日の夜にふたりが天の川を渡って会うことを許してくれました。

雨が降ると天の川の水が増えて渡れなくなるので、織姫と彦星は会うことができません。晴れるといいね。みんなで、空にお願いしましょう。

由来・成り立ち

七夕《たなばた》は中国から伝わった「星伝説」（織姫と彦星のお話）と「乞巧奠《きっこうでん》」（書道や裁縫の上達を願う風習）が、日本古来の「棚機女《たなばたつめ》」（女性が小屋にこもって神様のために衣を縫う風習）と結びついて今に伝えられています。

七夕の日には、織物がじょうずになるようにと、織姫の織る糸に見たてて、そうめんを食べます。

遊んでみよう カササギの橋を渡ろう!

導入：みんなに聞いていいかな。織姫と彦星はどうやって川を渡るのかな（子どもたちの独創的な答えを楽しみましょう）。どれもいい考えですね。織姫と彦星に教えてあげたいぐらい。では、ふたりがどうやって天の川を渡るかというと……（実物大のカササギのペープサートを見せる）。カササギという鳥です。カササギがたくさん飛んで来て、羽を広げて橋を架けるそうです。鳥の橋を渡るときって、どんな感じがするのかな（いっぱい想像してみる）。

準備物
大きなポリ袋、油性フェルトペン、新聞紙、布、梱包材、ブルーシート

いっぱい想像した後、みんなではだしになって、カササギの橋を渡っている織姫と彦星の気分で歩いてみましょう。

大きなポリ袋にカササギの絵を自由にかき、中に新聞紙や布、梱包材など、フワフワ感のある物を入れていきます、天の川に見たてたブルーシートを敷き、カササギの橋を架けて渡ります。両岸に彦星の家、織姫の家を作り、七夕ごっこあそびへと広げていきましょう。

なるほど!! 豆知識

縁起の良い鳥、カササギ

カササギはカラスの仲間です。九州北部、特に佐賀平野の農耕地や人里に住んでいます。肩と腹が白く、そのほかはカラスのように真っ黒です。全長40～45cmほどで、そのうち尾羽は、25cmくらいと長く、羽を広げると50cmほどになります。

「カチカチ」と鳴くので、別名「カチガラス（勝ちガラス）」と呼ばれ、縁起の良い鳥とされています。

作って みよう　七夕《たなばた》のお飾り

七夕のお飾りと言えば願い事を書く短冊ですが、着る物に困らないようにと願いを込めて、紙の着物や財布、裁ちくずを入れるくずかごなどを飾る地方もあります。網飾りは豊漁を願うため、吹き流しは織姫の織糸を表しています。

お飾りの意味を話してあげると、意欲的に製作に取り組むきっかけになるかもしれません。ササ飾りの揺れる音に耳を澄ませましょう。

網飾り

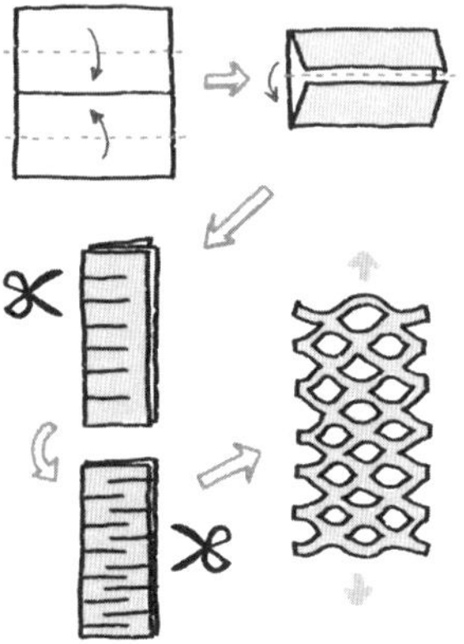

※細かく切ると、長い網になる。

吹き流し

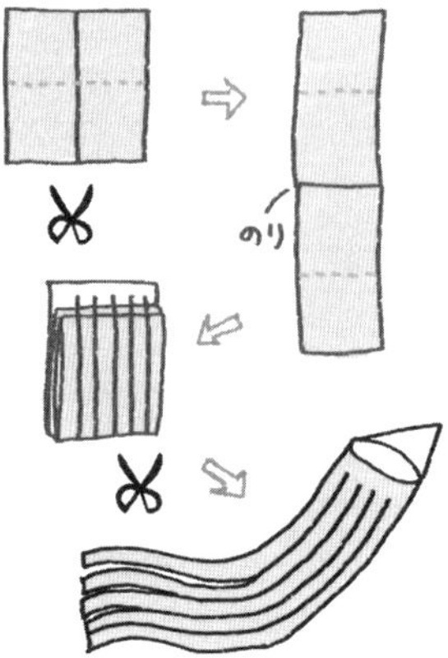

作ってみよう かわいいササあめ

ササの葉であめを作りましょう。ほのかにササの香りがするかわいい三角あめです。切ったササはすぐに枯れてシナシナになるのでお早めに。

ササあめの作り方

三角に折り畳んでいき、柄を差し込むと出来上がり。

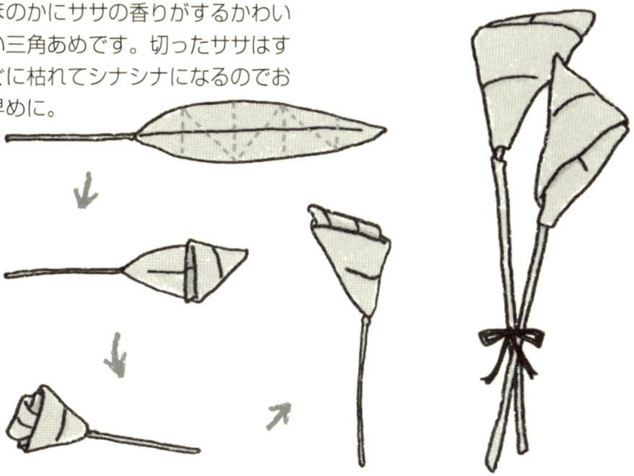

七夕飾りの後片づけについて

※かつて七夕飾りは川に流していましたが、今は飾りを取り、ササを細かく切って、塩をひとつまみふって清めた後、紙でくるんで燃えるごみとして出しましょう。

なるほど!! 豆知識

七夕《たなばた》のおまじない

7月7日、朝から寝るまでの間に7回同じことを繰り返すと、願い事がかなうそうです。みんなで七夕の歌を7回うたうとか、握手を7回するとか、アイデアを出し合ってみましょう。

子どもを7回ギュッと抱き締めるとか、7回指ずもうをするなど、子どもとスキンシップを図るヒントとして、保護者の方に伝えてみてもいいですね。

8月の扉

ひとくち話

月遅れのお盆

皆さんにはおとうさんとおかあさんがいて、生まれました。そしてみんなのおとうさんやおかあさんにも、それぞれおとうさんとおかあさんがいます。そう、おじいちゃんとおばあちゃんですね。そしてさらにおじいちゃんとおばあちゃんにも、それぞれおとうさんとおかあさんがいます。そのたくさんの人たちのことを、ご先祖さまと言います。ご先祖さまが子どもたちを大事に育ててきてくれたから、こうしてみんなは生まれてくることができたんですね。

わたしは小さいころ、夏になるとゆかたを着て盆踊りを踊りました。大人の人たちのまねをしながら、何回も踊りました。盆踊りは、ご先祖さまに「わたしたちは元気に暮らしていますよ。安心してください」って見せるための踊りなんですって。ご先祖さまは、いつもわたしたちを見守っていてくれるんですね。

季節の特徴　8月

旬《しゅん》の食べ物

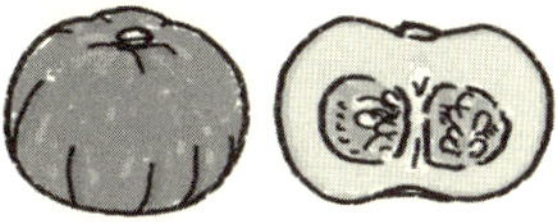

【カボチャ】
トウナス、ナンキンとも呼ばれる。

【スイカ】
江戸時代は赤色が血を連想させるので不人気。明治時代になって食べられるようになった。

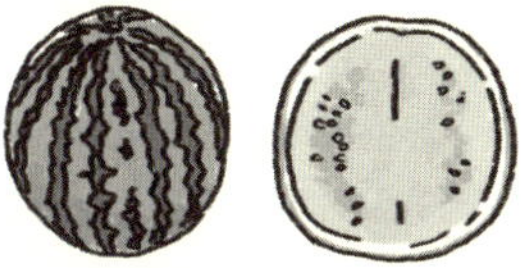

【イチジク】
葉を折ると、ミルクのような白い液が出る。

【オクラ】
切り口が星形なので、野菜スタンプあそびにも使える。

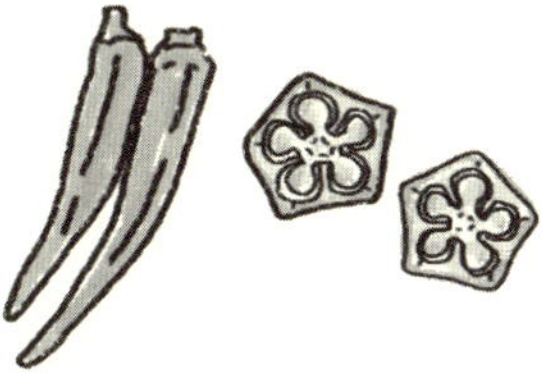

【アジ】
日本近海に多く見られ、マアジ、ムロアジ、シマアジなどの種類がある。

季節の生き物

【ホウセンカ】
実に触れると種がポン！　と飛び出す。花をもんで、汁をつめに塗ればマニキュア（43ページ参照）。

【セミ】
夏と言えばセミ。ツクツクホウシは夏の終わりに羽化するセミ。「オーシーツクツク」という鳴き声を聞くと、秋を感じる。

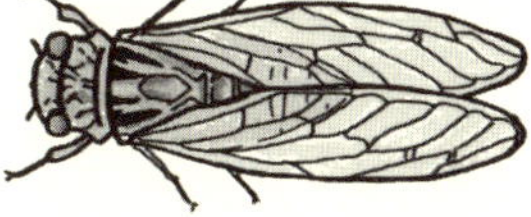

ツクツクホウシ

保育に生かそう! 8月の季節感

湿度が高くて蒸し暑い日本の夏。まだクーラーなどがなかった時代、日本人が自然とうまくつきあっていくために生み出した知恵は、地球温暖化が叫ばれる今、注目されています。エコロジーの精神とともに、日本の夏景色も伝えていきたいですね。

なるほど!! 豆知識

よしず

葦《よし》をシュロ糸で結び、つないで作ります。昔は屋根にも使っていました。

保育室の窓や、園庭の木の枝や遊具を利用して屋根にしたり、壁にしたり。よしずのすき間から入ってくる風や光を楽しみましょう。

うちわ

昔は公家や僧たちが顔を隠して威厳を保ったり、虫を追い払う道具として使いました。

風鈴

昔の中国では占風鐸《せんふうたく》と言い、竹林に下げて風の向きや音の鳴り方で物事の吉凶を占う道具でした。

ガラスの清涼感と音を楽しみましょう。

打ち水

水をまくことで地面の温度の上昇を抑え、水が蒸発するときに気化熱を奪うことで、周りの気温を下げる効果があります。

子どもたちに、ひんやり感を実感してもらいましょう。

遊んでみよう オシロイバナのあそび

オシロイバナは午後から咲き始めます。しぼんだ花で、アサガオの色水あそびと同じようにして遊びます。

黒い種は、小石で割ると白い粉が出てきます。おしろいのように顔に塗ってお化粧。ついでにホウセンカの花マニキュア(41ページ参照)もどうぞ。

オシロイバナのパラシュート

花のがくをそっと引っ張り、おもりにして飛ばします。

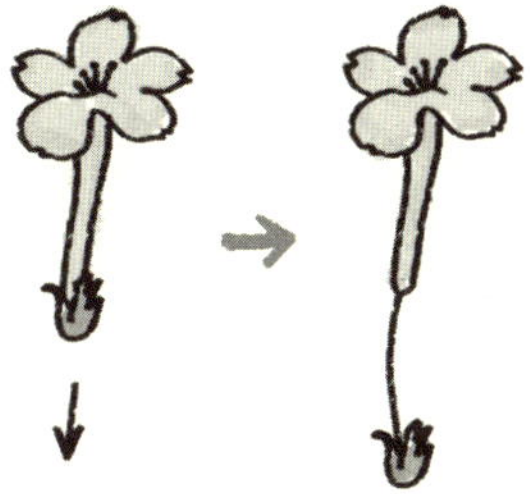

オシロイバナの首飾り

花を摘んで糸を通し、つないでいきます。

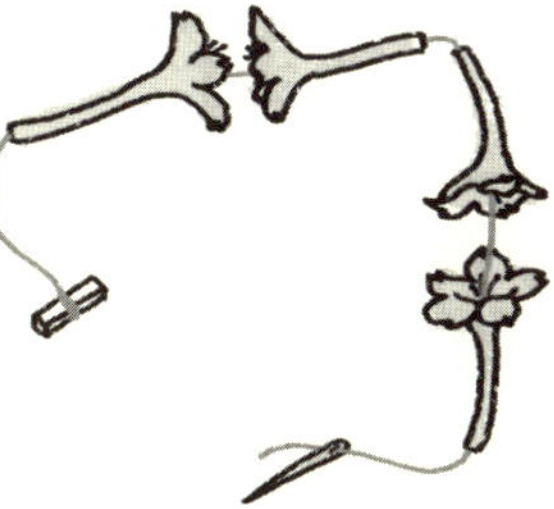

9月の扉

ひとくち話

二百十日の風

どっどど　どどうど　どどうど　どどう。なんの音？　そう、風の音。強い強い風の音。

9月1日(2日)は二百十日と言って、強い風が吹いたり台風が来たりすることが多いんですって。たんぼではお米ができるころだし、畑には野菜が育っているし、山には木の実がいっぱいなっているというのに、台風が来たらみんな飛ばされてしまいます。でも、人間の力では台風や強い風は止めることができません。今年はどうかな。台風は来るのかな。

季節の特徴

旬《しゅん》の食べ物

【サツマイモ】
アサガオと同じヒルガオ科の仲間。

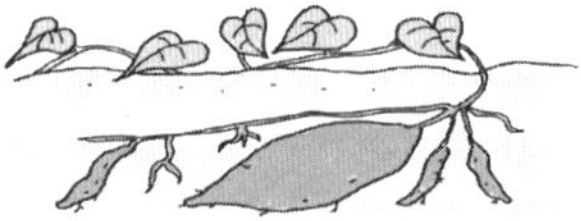

【サンマ】
尾びれのつけ根が黄色いのは、脂肪がのっている印。

なるほど!!豆知識

二百十日

二百十日とは、立春から210日目のことで、台風がよく来る日とされています。『風の又三郎』(宮沢賢治・著)の中で、子どもたちが「(又三郎は)二百十日で来たのだな。」と話します。“どっどど　どどうど　どどうど　どどう”は、賢治が表現した二百十日の風の音です。

富山市八尾町「おわら風の盆」(９月１日～３日)は、風の被害を抑えるための“風鎮め”と“五穀豊穣”を祈る踊りです。

9月

季節の生き物

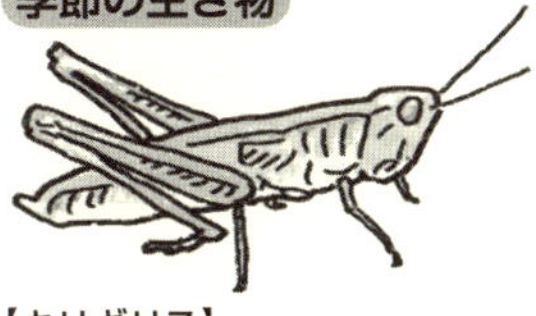

【キリギリス】
「ギーッチョン」と、昼間でも鳴く。

【エンマコオロギ】
「コロコロ　コロリー」と鳴き、家の周りにいる。

【キンモクセイ】
中国では桂花《けいか》と言い、花をお茶にしたり砂糖漬けにしたりする。

【イワシ雲】
小さな塊が集まっている雲。ちなみに大きな塊が集まっているのは「ヒツジ雲」。

保育に生かそう！９月の季節感

さわやかな季節。９月の散歩は、キンモクセイの甘い香りがフワッ。たんぼではイネの穂が顔を出し始め、耳を澄ませると秋の虫が鳴く声も聞こえたりします。まさに散歩びよりの季節。空を見上げると、イワシ雲が泳いでいるかも。

二百十日の強い風が吹く日は、風の音に耳を澄まし、揺れる木々に風の姿を見てください。優しい風が吹く日は、のんびりとしゃぼん玉で遊びましょう。

遊んでみよう しゃぼん玉

準備物
細かく削った石けん（ハサミで削れます）、カップ、ストロー、砂糖、ぬるま湯

あらかじめ石けんとぬるま湯の量のバランスを確認しておき、子どもたちに量の目安を伝え、自分で溶いてもらいます。

ブクブクして泡あそびに展開しても楽しいです。

①カップに石けんと砂糖ひとつまみ、ぬるま湯を適当に入れ、よくかき混ぜます。

②試しに吹いてみて、石けんを足したりぬるま湯を足したりして調節しましょう。

※液を吸わないように注意しますが、飲んでしまった場合は速やかにうがいをさせましょう。

やってみよう 実のなる木を育てよう!

　実のなる木は、毎年繰り返し実ることで季節が巡ることを教えてくれます。そして果実を生で食べたり、ジュースやジャムにしたりして味わうことで、自然の恵みに対する感謝の気持ちも育ちます。「なつみかんがおおきくなったよ」「くわのみがくろくなってきたよ」……子どもたちは実が熟す“そのとき”を、今か今かと楽しみにして待つことでしょう。

ブルーベリー

風通しと水はけの良い所で育つ。寒さに強い。実は6月〜9月に熟す。生食、ジャム。

グミ

じょうぶで育てやすい。実は10月〜11月に赤く熟す。生食。

夏ミカン

実は花が咲いた翌年の4月〜6月に黄色く熟す。生食、ジュース、皮を使ってマーマレード。

スモモ

中国から渡来。モモと似ているが酸味が強いので「酢《す》桃《もも》」。実は7月〜8月に熟す。生食。

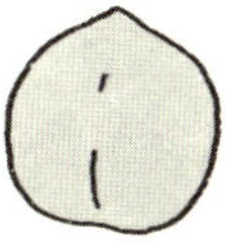

クワ

根つきが良く成長も早い。荒れ地でも育つ。実は7月〜8月に黒く熟す。生食、ジャム。

※木にはいろんな品種があり、それぞれ育つのに適した地域があります。本などで調べたり、植木屋さんや園芸店に尋ねたりして、植える木を選んでください。

9月第3月曜日

敬老の日

ひとくち話

おじいちゃん・おばあちゃんの話をしよう！

わたしのおばあちゃんは○歳です。とても元気で、歌をうたうのが大好きです。編み物もじょうずで、よくセーターを編んでくれます。わたしもときどきおばあちゃんに編み物を教えてもらいます(など、自分の祖父母のエピソードを話す)。

みんなのおじいちゃんやおばあちゃんの話を聞かせてください(祖父母の話を聞く)。おじいちゃんもおばあちゃんも、みんな元気に長生きしてほしいですね。

由来・成り立ち

「多年にわたり社会につくしてきた老人を敬愛し、長寿を祝う」日として、1966年に国民の祝日になりました。

今は9月の第3月曜日ですが、以前は聖徳太子が身寄りのない老人のための施設、「悲田院《ひでんいん》」を建てた日にちなんで、9月15日を「としよりの日」としていました。しかしこの呼び方は良くないという意見がおこり、「老人の日」になり、最終的に「敬老の日」に落ち着きました。

作ってみよう カードを送ろう！

おじいちゃん・おばあちゃんにカードを送りましょう。基本のメッセージは保育者が書き、子どもたちが絵をかきます。

カードは郵送すると、もらった方もちょっと特別な感じがします。みんなで投函しに行きましょう。ハガキでも絵本スタイルにして封書で送ってもいいです。

ポストまで行くのが大変なときは、手作りのポストを園庭に置いておき、後で保育者が投函しましょう。

絵本の作り方

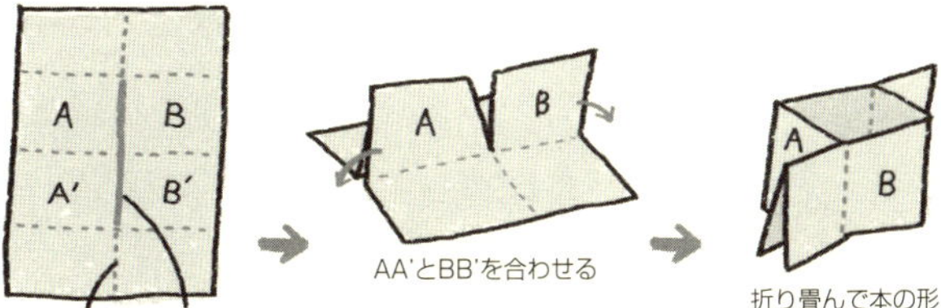
A
B
A′
B′
AA'とBB'を合わせる
A
B

切る

折り目をつける

折り畳んで本の形にする

おじいちゃんのすいか
あまいんだ〜♡
おばあちゃん
おりがみがじょうず♪
おばあちゃん
おはなが
だいすき！
のり

9月中旬以降

十　五　夜

ひとくち話

夜空を見上げよう

きのうの帰り道、月がとてもきれいでした。もうすぐ真ん丸になります。

○日の夜、晴れていたら、寝る前におかあさんやおとうさんといっしょに空を見上げてみてください。金ボタンのようなお月さまが見えますよ。○日のお月さまは一年でいちばんきれいなので、特別に「十五夜」という名前がついています。

ずっと昔の人たちが見ていた十五夜も、みんなが見る十五夜も、同じお月さまなんですね。昔から変わらないお月さまって、なんだか不思議な気持ちがしますね。

なるほど!! 豆知識

歓迎?! おだんごどろぼう

十五夜と言えば月見だんご。丸めるのを子どもたちに手伝ってもらって、ぜひ作ってみてください。

昔からこの日だけ、お供えした月見だんごをこっそり盗んで食べてもいいという習慣があります。盗まれた方にとっても縁起がいいのだそうです。保護者の方に教えてあげましょう。

由来・成り立ち

旧暦では7月から9月が秋。この時季は空気が澄んでいて、旧暦8月15日の満月は「十五夜」と呼ばれ、一年でいちばん美しい月とされています。平安貴族たちは月をめでながら和歌を詠みました。

秋の収穫を祝い、感謝する行事でもあります。サトイモの収穫時期なので、「芋名月」と呼ばれています。

また、10月にも「十三夜」という月見の行事があります。

遊んでみよう 野の花を摘もう！

十五夜には、おだんごに秋の七草、サトイモ、カキ、ブドウなどの季節の実りを供えます。秋の七草は、昔は野に生えていましたが、今はほとんど見られなくなってしまいました。そこで散歩道や園庭で、お供えするためのお花摘みをしましょう。身近な野の花に気づくきっかけになります。

秋の七草

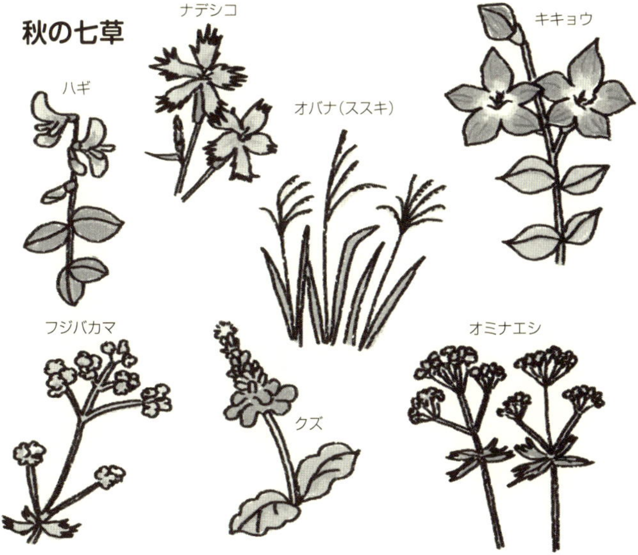
ナデシコ
キキョウ
ハギ
オバナ（ススキ）
フジバカマ
クズ
オミナエシ

すごーい！
せんせーい！
ホラ すすき！

10月の扉

ひとくち話

もうーつのお月見「十三夜」

9月に真ん丸お月さまを見ましたか？　お月見だんごも食べたかな？　実は10月にも、お月見をする日があるんです。
昔の人は、10月に見るお月さまもきれいだなあって、眺めたんですって。でもね、9月とはちょっと違っています。真ん丸ではなくて、これから丸くなりますよっていう、少し欠けた月なんです。どんな形をしているお月さまなのかな？　10月はクリが良く取れるので、「栗名月」という名前がついています。晴れたら見てみましょうね。

季節の特徴

旬《しゅん》の食べ物

【カキ】
冬になっても木に一つだけ残しておく実を、「木守柿」と言う。来年もたくさん実がなるようにというおまじない。

【カリフラワー】
食用になるのはつぼみ。そのまま植えておくと、黄色いアブラナのような花が咲く。

なるほど!! 豆知識

十三夜

十三夜は日本独自の風習です。十五夜と十三夜、両方の月を見ると縁起が良く、逆にどちらか一方しか見ないと、「片見月」と言って縁起が悪いそうです。ぜひ保護者の方に伝え、秋の一夜、子どもたちと月を見て、のんびり過ごしてもらいましょう。

十五夜と同じように、秋の草花と月見だんご、カキ、クリ、豆などを供えます。

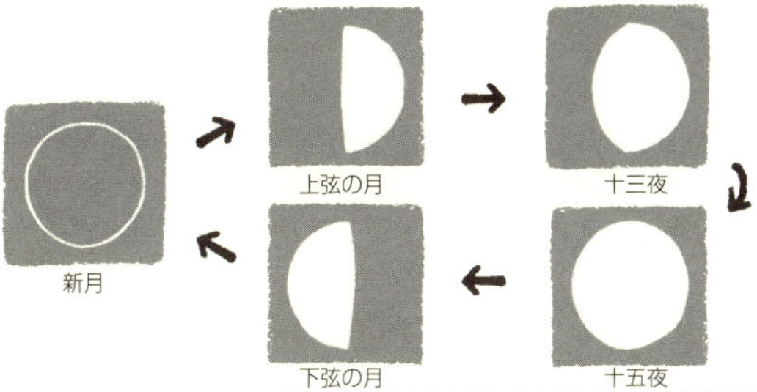
新月
上弦の月
十三夜
十五夜
下弦の月

10月

【お米】

新米の季節。日本の気候や風土に合わせて、約300種類の品種が作られている。

こしひかり
あきたこまち

季節の生き物

【お茶の花】

白い花びらに黄色い雄しべ。ツバキ科なので、ツバキに似ている。

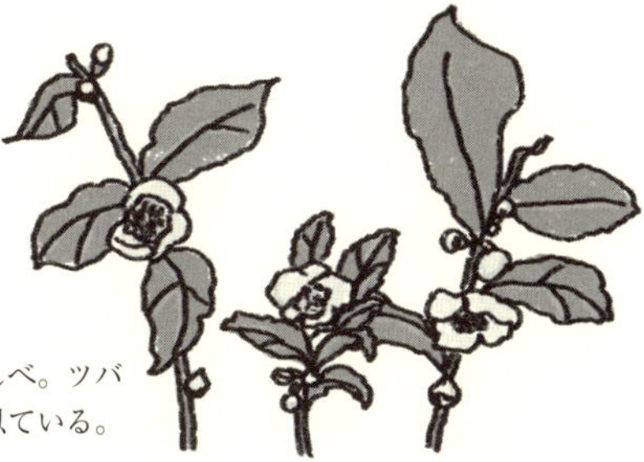

保育に生かそう! 10月の季節感

実りの季節です。イモ掘りで収穫したおイモ、散歩で拾ったドングリ、ほんのり色を変え始めた木の葉。部屋では春に咲くのを楽しみに、水栽培の準備に入ります。

10月1日は衣替え。6月同様、おまわりさんの制服、学生服、商店のディスプレイなど、秋冬バージョンへの変化を探しながら散歩しましょう。

やってみよう 球根の水栽培

土の中で育っている根は見ることができませんが、水栽培なら根の生長を観察することができます。

球根を一つ縦切りして断面を見せてあげると、真ん中に花があることがわかります。お花が眠っているのですね。芽が伸び、花が咲くのを、みんなワクワクしながら待つことでしょう。

ペットボトルの栽培容器

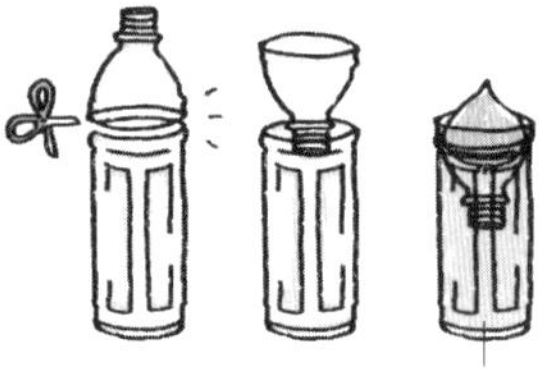

根が出たら、根に光が当たらないように容器を覆う。

球根の断面

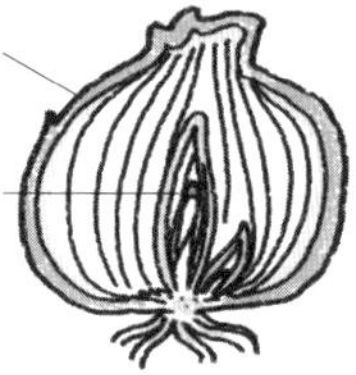
りんぺん
茎・花になる芽が隠れている。

ねがでた～!
うわ～!
みせてー!

遊んでみよう ドングリあそび

ひとくちにドングリと言っても、いろんな種類があることを伝え、自然の不思議を感じましょう。

（いろんな種類のドングリを見せながら）「ほら、ドングリにはいろんな形、いろんな大きさがありますね。みんなで名前をつけましょう」（クヌギを見せて）「これはずいぶん太っちょですね。どんな名前がいいかな？」

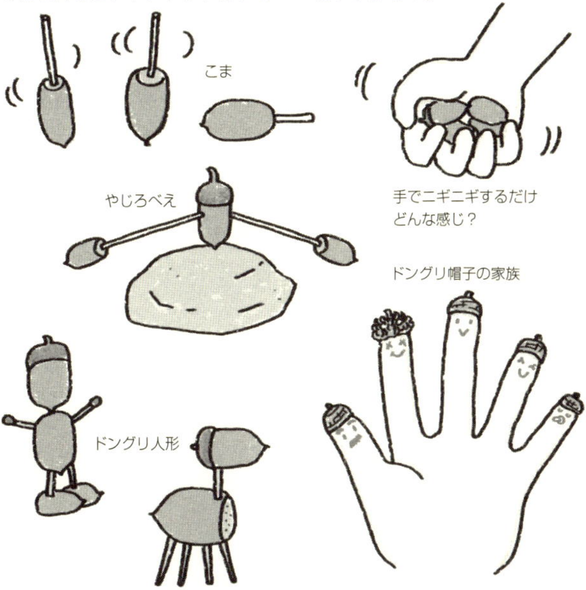
こま
手でニギニギするだけ
どんな感じ？
やじろべえ
ドングリ帽子の家族
ドングリ人形

なるほど!!豆知識

ドングリが木になる

ドングリはその木の種です。土に埋めれば芽が出てきます。必ず発芽するとは限りませんが、試しに植木鉢や庭にまいてみましょう。

ドングリには木の命が入っていることを、子どもたちに伝えたいですね。

マテバシイ
クヌギ
スジダイ

10月～11月

紅葉狩り

ひとくち話

変身する葉っぱたち

そろそろ園庭のサクラの葉っぱの色が変わってきましたね。春はサクラの花がいっぱい咲いて、きれいでしたね。秋も葉っぱが赤くなって、とってもきれいです。サクラの木って、すごいですね。だれも教えないのに、そろそろ寒くなってきたから葉っぱを赤くしなくちゃって、ちゃんとわかるんですから。

秋になると、サクラみたいに葉っぱの色が変わる木がありますね。イチョウは黄色に、ケヤキは茶色に……いろいろね。きれいな葉っぱをいっぱい見つけましょうね。

なるほど!!豆知識

モミズとカエルデ

「モミジ」という木はありません。「モミジ」は秋に紅葉（黄葉）する植物全体を指す言葉で、語源は「揉出《もみず》」。染料をもんで色を出すという意味で、葉の色が変わるようすを表しています。

また「カエデ」は、カエルの手に似ているので「カエルデ」と呼ばれるようになって、それが「カエデ」になったそうです。

由来・成り立ち

平安時代、貴族は紅葉を楽しみながら宴を開いたり、和歌を詠んだりしました。「紅葉狩り」の「狩り」は、花や草木を探すという意味です。農民たちにとって山の紅葉は、見て美しいだけではなく、天候や作物のできを占う目安でもありました。

遊んでみよう 落ち葉あそび

色づいた葉っぱで、草花あそびを楽しみましょう。いろんな葉っぱを集めて糸でつないで作った首飾りや、冠もすてき。

イチョウのウサギ

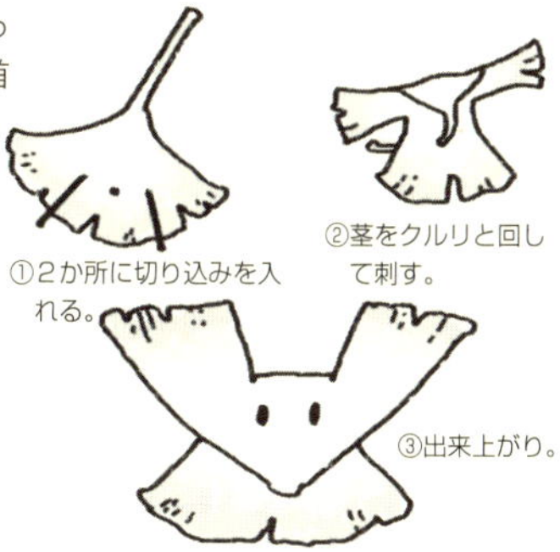
①2か所に切り込みを入れる。
②茎をクルリと回して刺す。
③出来上がり。

イチョウの葉束

ただ集めて、
花束のように
まとめるだけ。

カキの葉人形

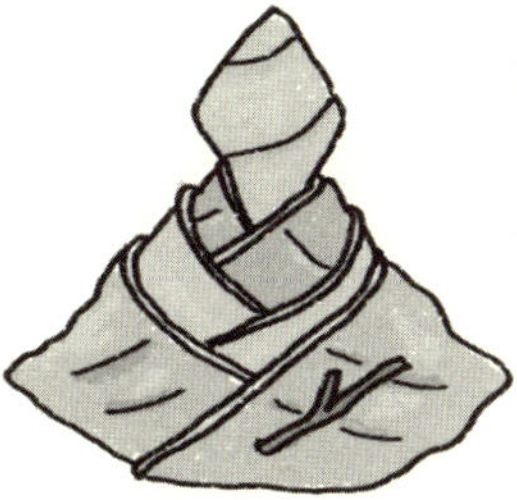

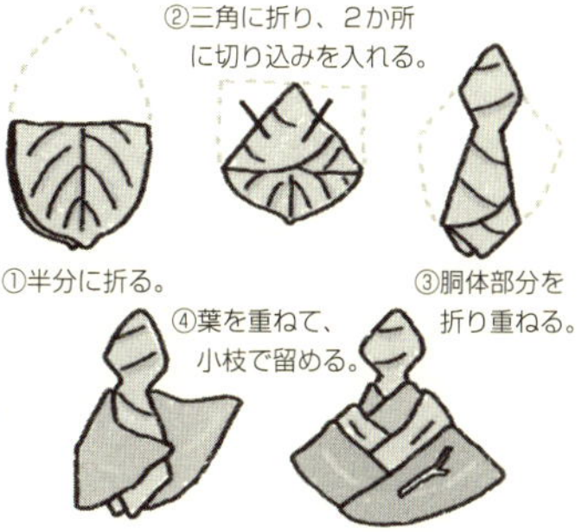
①半分に折る。
②三角に折り、2か所に切り込みを入れる。
③胴体部分を折り重ねる。
④葉を重ねて、小枝で留める。

葉っぱを集めてベッドに。寝転がって、ボーッと空を見ましょう。

運動会は、保護者の方が楽しみにしている行事です。大切なのは、勝ち負けやまちがわずに踊れるかどうかではなく、ひとりひとりの子どもたちが、楽しく心と体を動かす日であるということを、保護者に伝えましょう。

日本で初めて行なわれた、とてもおおらかな運動会の物語を紹介します。

運動会初めて物語

日本で初めて運動会を行なった人は、ストレンジというイギリス人です。彼は明治初め、英語の先生として日本に来ました。運動をほとんどしない学生を見て、「日光を浴びて外で体を動かしたほうがいい。屋外で大勢がいっぺんに運動できる方法があったらいいな。それも、おもしろいものでなければだめだ」と考えていました。

そんなある日、いいアイデアが浮かびました。ストレンジ先生は「運動会をしましょう」と学校に働きかけ、学校側も了承。彼はイギリスから競技のルール本を取り寄せて学生たちに教えました。それが話題になり、新聞でも取り上げられたので、当日は学生たちの父母も駆けつけ、お菓子屋さん、おすし屋さん、おしるこ屋さんまでが店を開いて大にぎわい。駆け足、二人三脚、幅跳び、俵担ぎ、綱引きなどが行なわれたそうです。1874年3月のことでした。

コラム　10月4日イワシの日

　大阪湾ではイワシが大量に捕れるので、大阪府多獲性魚有効利用検討会が、いつまでもイワシが捕れる美しい海でありますようにと、1985年10月4日をイワシ(104《イワシ》)の日に決めました。

　子どもたちと、イワシのにおいが漂う秋の一日を過ごしてみてはいかがでしょうか。魚を頭からしっぽまで丸ごといただくことで、「いただきます」の意味も理解することでしょう。今回はある幼稚園での、“イワシを丸ごと食べる活動”を紹介します。

魚を丸ごと食べよう

　都内のA幼稚園では、1月の寒い時期に、おかずは焼きたてのウルメイワシ(目刺し)、お弁当はおにぎりだけというシンプルな食事を味わいます。

　園庭にブロックで炉を作り、網を置いて備長炭でイワシを焼きます。弱火で焼かないと丸焦げになるので、火加減を一定に保つことがポイントです。子どもたちは目刺しのパックを開いたり、網の上の熱くない所に目刺しを並べ替えたり、小枝を火にくべたりとお手伝いします。

　ふだん家では苦くて食べられない人も、見事に丸ごと食べてしまうそうです。

11月の扉

ひとくち話

そろそろ冬ごもりのしたく

寒くなってきましたね。木も葉っぱが落ちて、裸ん坊になってきました。葉っぱがなくなると、木の形がはっきりわかりますね。空にバンザイしている木や、横に両手を広げている木。いろんなかっこうの木がありますね。

山ではそろそろクマやリスたちが冬の眠りに入ります。寝る前に木の実をどっさり食べて、栄養をたくさんとらなくてはいけません。動物たちのために、山に木の実がいっぱいあるといいね。

なるほど!! 豆知識

虫さん、おやすみなさい

テントウムシは木の皮の間に集団で、アリも巣の中で体を寄せ合ってじっとして冬眠します。幼虫のままで冬越しするのはカブトムシ（腐葉土の中）やアブラゼミ（土の中の木の根っこのそば）。卵で冬越しするのはカマキリ。虫たちも、それぞれの姿で寒い冬をじっと耐えて春を待っているのです。

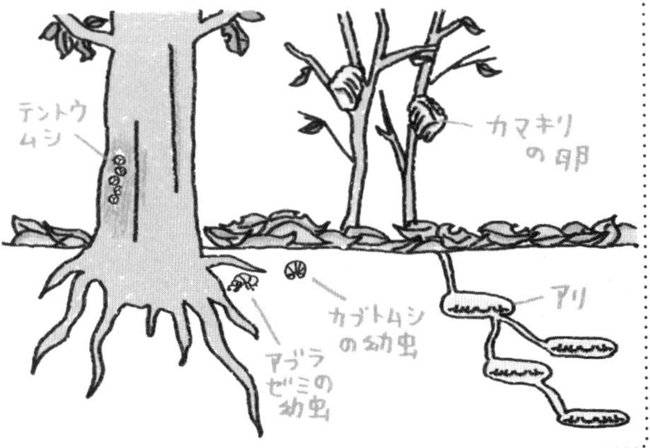

季節の特徴 11月

旬《しゅん》の食べ物

【ブロッコリー】
日本名はミドリハナヤサイ。

【干しガキ】
渋ガキの皮をむき、ひもにつなげて軒にずらりと干す。そのようすをカキすだれと言う。

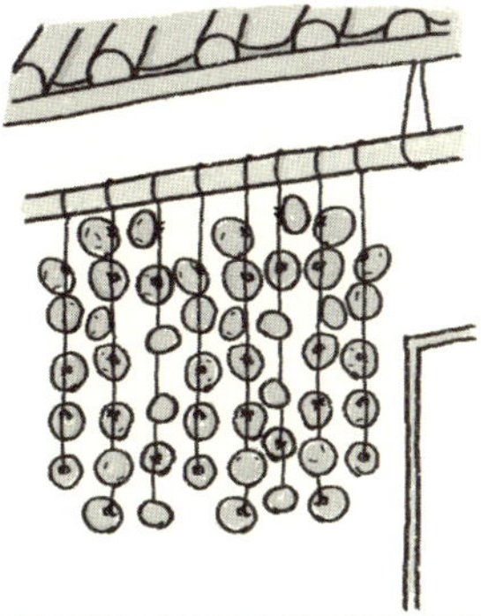

【レンコン】
断面がおもしろいので、絵の具をつけてポンポン野菜スタンプ。

【山茶花】
秋の花の後に咲く初冬の花。種から油が取れる。

季節の生き物

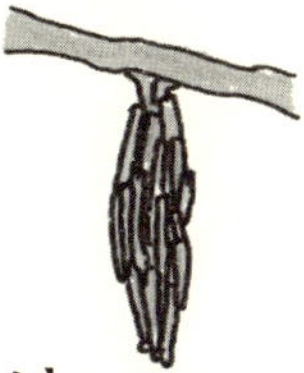

【ミノムシ】
オスはミノガになり、メスは一生みのの中で過ごす。

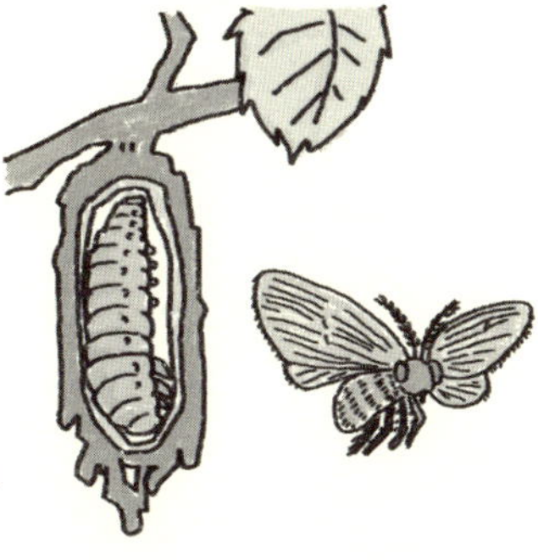

保育に生かそう！11月の季節感

落ち葉たきは日本の晩秋の景色です。ご近所の理解を得て、「火」の活動はぜひやりたいですね。所轄の消防署にたき火をする時間帯を報告し、水を入れたバケツを用意します。火種には新聞紙、マツボックリが最適。たき火のにおいや、けむりは目にしみることを体験しましょう。サツマイモをぬれた新聞紙で包み、さらにアルミホイルで包んで焼きます。ホクホクをどうぞ。

また、小春びより（初冬の春のように暖かな日）には、のんびりひなたぼっこを楽しみましょう。ボーッと空を流れる雲を見たり、おしゃべりをしたり。のんびり、のんびり。

やってみよう クローバー、レンゲの種をまこう！

園庭の一郭や畑にクローバーやレンゲの種をまくと、春に花が咲いて、草花あそびが楽しめます。

豆科の植物は、大気中の窒素を取り込むことで土に窒素養分を与えてくれ、さらに土中にいる害虫も退治してくれる緑肥植物でもあります。花が咲き終わったらそのまま土にすき込むだけで、良い肥料になります。

今では肥料が開発されたためあまり使われなくなりましたが、少し前まで春先のたんぼではあちこちでレンゲの花が咲いていました。

レンゲの種まき期：寒地は９月～10月、中間地は９月～11月、暖地は９月～12月

クローバーの種まき期：８月～12月

※クローバーやレンゲの種は、種苗会社かＪＡに問い合わせて購入してください。

遊んでみよう 秋の草あそび

草やぶに入ると、体のあちこちに草の実がついてきます。並べてワッペンにしたり、投げっこしたりして遊びましょう。

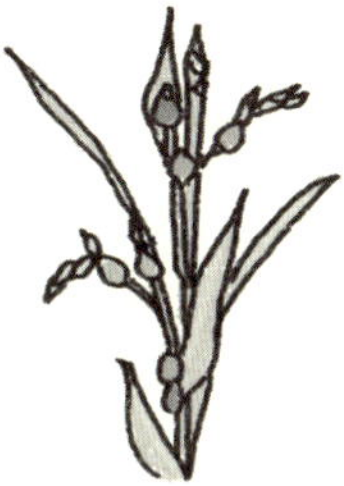

ジュズダマ

オナモミ
●ジュズダマに糸を通して輪にすると、ゴージャスなネックレスの出来上がり！
イノコズチ
ヌスビトハギ
ヤエムグラ

11月15日

七　五　三

ひとくち話

大きくなったね！　を祝う日

そろそろ七五三ですね。○○組では、お祝いする人はいるかな。

昔は病気を治す薬があまりなかったので、たくさんの子どもたちが７歳まで生きることができませんでした。そこでおとうさんやおかあさんは、子どもが３歳・５歳・７歳になるたびに、「こんなに大きくなりました。これからも見守ってください」って、神社にお願いに行きました。今も昔と同じように、おとうさんやおかあさんは、みんなが元気にすくすく育つように、七五三のお祝いをしてくれるのですね。

やってみよう　一二三四五六のお祝い

今の時代、交通事故や物騒な事件など、心配なことが多すぎます。「けがをしたけれど、治って良かったね」「かぜをひいてお休みしてたけど、元気になったね」「ニンジンが食べられるようになったね」などと言いながら、３歳・５歳・７歳にこだわらず、ひとりひとりをギュッと抱き締めてあげましょう。

由来・成り立ち

子どもの健やかな成長と健康を祝う日です。昔は乳幼児の死亡率が高かったので、「７歳までは神の子」とされ、３歳の男女、５歳の男の子、７歳の女の子が、節目ごとに無事成長したことを氏神様《うじがみさま》に報告しました。

千歳あめは子どもの年齢の数だけ袋に入れ、長いあめのように「千年生きる」という縁起物で、江戸時代に売り出されました。

11月ごろ

作　品　展

ひとくち話

子どもの世界を遊ぼう！

いよいよ作品展の日が近づいてきましたね。みんながかいた絵や作った作品(具体的に挙げる)には、「楽しいな！」「おもしろいな！」っていう気持ちがいっぱい詰まっています。どれもすてきです。おとうさんやおかあさん、おじいちゃん、おばあちゃん、そして近所の皆さんも、見に来るのをとても楽しみにしているそうです。わたしも、たくさんの人に見てもらいたいです。

やってみよう　演出ア・ラ・カルト

遊べる作品作り

来た人と遊べる作品を作ると楽しめます。例えば、お店屋さん、水族館、迷路など。子どもたちと、遊んでみたいと思うものを話し合ってみましょう。

また、みんなが好きな絵本の世界を、部屋全体に表現してみてもいいですね。

思い出ギャラリー

テーマを一つに絞らずに、保育の中で４月からかいてきた絵を、枚数を決めてひとりずつ縦に展示します。横に見てほかの人と比較するのではなく、縦に見て、季節や成長によって、絵が変化していくようすを楽しんでもらいます。

プレゼントギャラリー

保育者の楽しみの一つに、子どもたちからのプレゼントがあります。皆さんもきっと、小さな手で一生懸命作った贈り物をもらったことがあると思います。子どもたちのすなおな気持ちの表現（子どもの世界）を、保護者に見てもらいましょう。

12月の扉

ひとくち話

寒さを感じよう

わたしは毎朝○時に家を出て園に来ます。きょう外に出たら、なんて寒いこと！　「はあっ」と息を吐いたら、白く見えました。駅まで早足で歩きましたよ。タッタッタッタタッてね。そうしたら、どんどん体が温かくなって、ポカポカしてきました。寒い日は、体をどんどん動かすのがいいみたい。そこで、みんなといっぱい走りたいと思います。はい！　鬼ごっこするもの、この指とまれ！

季節の特徴　12月

旬《しゅん》の食べ物

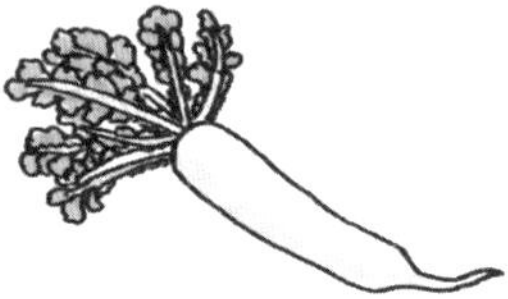

【ダイコン】
葉にもビタミンAとCが含まれていて、栄養たっぷり。

【ミカン】
冬と言えばこたつにミカン。絞った汁で「あぶり出し」も。

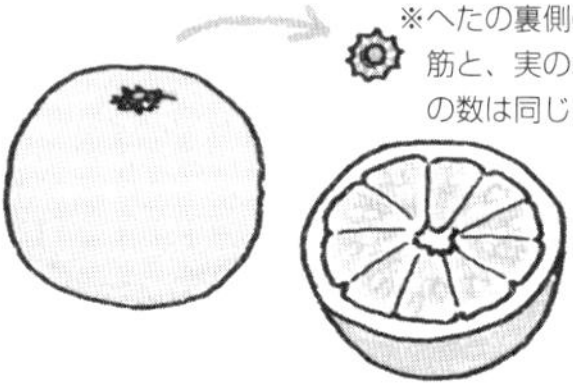

※へたの裏側の筋と、実の袋の数は同じ。

季節の生き物

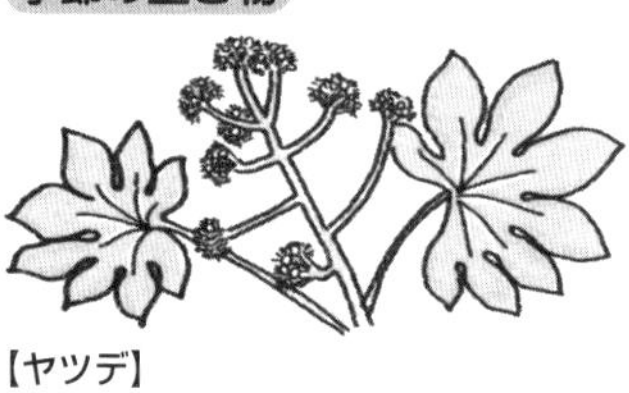

【ヤツデ】
円錐形の地味な白い花が咲く。人間の手を広げたような葉の形から、「てんぐの葉うちわ」とも言われている。

【ポインセチア】
花のような赤い部分は「苞《ほう》」と言い、がくが変化したもの。

保育に生かそう！12月の季節感

外がひんやり冷えていると、部屋の中で遊ぶことが多くなります。寒いときこそ外に出て、みんなで体を動かして遊びたいですね。「おしくらまんじゅう」や、地面に島をかいて、その中を押し合いながら逃げる人たちを、島の外から鬼が捕まえる「おしくら島鬼」。友達の温もりを感じながら、心も体もポッカポカになるあそびです。

遊んでみよう ポカポカあそび

おしくらまんじゅう

おしくらまんじゅう
おされて なくな

おしくら島鬼

たすけて～！
あら～
せんせい！
きゃー！
えーい！

12月22日ごろ

冬　至

ひとくち話

影が一年でいちばん長くなる日

なぞなぞです。「どこに行くときもいつもいっしょ。真っ黒けで、長くなったり短くなったり、時々消えてしまうこともあります。わたしはなあに？」そう、当たり！「影」です。きょうは、みんなの影が一年の中でいちばん長くなる日です。太陽の高さがいちばん低くなるからなんですって。不思議ですね。でも、影が長いだけではありません。きょうは昼間がいちばん短くて、夜がいちばん長い日でもあるんです。さあ、明るいうちに、影踏みをして遊びましょう！

由来・成り立ち

一年でいちばん昼が短く夜が長い日です。この日を境に日が伸び始めるので、人々は太陽の力がよみがえると喜びました。冬が去り春が来るという意味で「一陽来復《いちようらいふく》」とも言います。

中国では冬至を暦の始まりと考え、疫病をもたらす鬼を払うためにアズキがゆを食べる風習があります。日本ではユズ湯に入り、カボチャを食べて厄払いをします。

なるほど!! 豆知識

ユズ湯でコミュニケーション!

冬至には、ユズを浴槽に浮かべてユズ湯に入ります。皮の精油効果で体が暖まり、かぜをひかないそうです。

おふろは親子のコミュニケーションの場。ぜひ家庭でユズ湯に入ってほしいですね。

幸運の「ん」尽くし

なんきん(カボチャ)、にんじん、だいこん、こんにゃく、きんかん、みかん、れんこんなど、冬至に「ん」のつく食べ物を食べると幸運になると言われています。保護者の方にも伝えて、家庭で「ん」のつく食べ物を具に、幸運の「ん」スープを作っていただけるとすてきですね。

遊んでみよう 「ん」で飾ってみよう!

「ん」のつく野菜や果物を飾る、「運盛り」をしましょう。和紙を敷いたお盆に、「ん」のつく野菜や果物を見栄え良く飾ります。紅白の水引で野菜を結ぶと雰囲気が出ます。また、子どもの発想で出てきた「ん」のつくものも並べます。「やかん」「クレヨン」なども大歓迎。

導入：あしたからお日さまがどんどん元気になって、明るい時間が長くなっていきます。いっぱい遊べますね。そこで、みんながけがなく、楽しく過ごせるように、「幸運」のおまじないをします。「こううん」の「ん」のつくものを飾ると、いいことがあるんですって。「ん」のつくものって、何があるかな。

12月25日

クリスマス

ひとくち話

クリスマスになる前のお話

ずっと昔。まだ12月25日がクリスマスになる前のお話です。12月と言えばまだ冬ですね。でも、太陽が出ている時間が少しずつ長くなっていくころでもあります。太陽は、野菜や木や草や花、動物たちみんなに力を与えてくれます。だから昔の人たちは、「お日さまが生き返ったぞ！」「お日さまの力がますます強くなりますように！」って、家族や友達とうたったり踊ったりしてお祈りしました。それがいつしか、イエス・キリストのお誕生日、クリスマスになったそうです。

由来・成り立ち

クリスマスは、救世主イエス・キリストの誕生を祝う日です。でもルーツはもっと古く、ローマ帝国で行なわれていた太陽の復活を祝う「冬至祭」にあります。冬至に太陽神が生まれ、世界が新しくなるという考え方が、救世主の誕生と結びついてクリスマスとなりました。

なるほど!! 豆知識

クリスマスツリーは永遠の命

クリスマスツリーはモミの木です。モミの木は冬になっても緑色の葉をつけたままです。いつまでも散らずに元気でいましょうという気持ちを、モミの木で表しています。

モミの木は、天使が飾りつけるという言い伝えがあります。一本の銀の糸を「天使の髪」として、木に掛けておく習慣もあります。

クリスマスカラーの秘密

緑(モミの木=永遠の命)、赤(リンゴ=豊かさ)、白(ろうそく=キリストの純潔)。この3色がクリスマスカラーと言われています。

サンタスタイル

サンタクロースのモデルは、貧しい人々に財産を与えた、聖人ニコラウスとされています。白く長いひげを蓄え、丸々太ってニコニコ顔、大きな袋を担ぎ、赤い服と帽子に長靴というスタイルが定番ですが、これはアメリカのイラストレーター、トーマス・ナストが週刊誌にかいたサンタクロースがそのまま定着したと言われています。

やってみよう サンタクロース登場！

①年長組の子どもたちに、火をともしたろうそくを持って入場してもらい、厳かな雰囲気を演出。

クリスマスキャンドルの作り方

ろうそくにつまようじを刺し、リンゴやミカンにつき刺すと、すてきなクリスマスキャンドルの出来上がり。

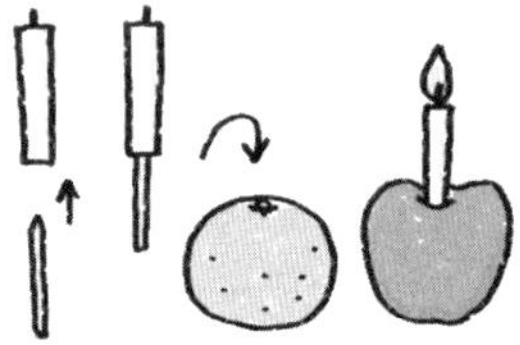

②「しーっ。耳を澄ませてごらん」と保育者が言うと、外から鈴の音が、シャンシャンシャン。窓の外や園庭を見ると、大きな袋がドーン。足跡もあるとなんだかドキドキ。

③サンタクロースが登場。あいさつ代わりに、手品を披露するのも楽しい。

④サンタクロースが、「プレゼントはみんなの部屋に置いてきました」と言います。子どもたちが全員ホールに移動した後、白い袋にひとりひとりへのプレゼントとカードを入れて、部屋に置いておきます。カードには前もって保護者が、サンタになり代わってメッセージを書いておきます。文章量に大きな差がないように、大体の文字数も決めておいたほうがよいでしょう。

※袋の周りに、飲みかけのお茶やトナカイの毛(のようなもの)とか、サンタが残していった雰囲気を感じるような工夫があると、ワクワクします。

やってみよう 園全体でのお楽しみ会

部屋ごとに、「変身の部屋(マント、ドレス、剣、魔法のつえなどを用意し、自由に変身。鏡も忘れずに)」「映画の部屋(ビデオ・DVDやプロジェクターなどで短い映画を上映)」「お菓子の部屋(ひとりいくつと決めて、好きなお菓子を選べる)」「ボールプールの部屋」「なぞなぞの部屋」など、楽しいしかけを準備します。チケットを持って、自由に回れるようにします。

大掃除・大晦日

ひとくち話

大きな掃除をしましょう

もうすぐ新しい年がやって来ますね。一年間のごみをきれいに掃除して、気持ち良く新しい年を迎えましょう。ふだんのお掃除とちょっと違うのは、「大掃除」、つまり大きな掃除というところです。どういう意味かな（子どもたちに聞く）。大きな掃除は、大きな目でよーく見て、ふだん掃除しない所まできれいにする掃除です。みんなできるかな？

なるほど!!豆知識

大晦日《おおみそか》

大晦日は、一年でいちばん最後の日です。昔は年神様を迎えるために、一晩中起きている風習がありました。寝てしまうと白髪になるとか、しわが増えると言われていたそうです。

除夜の鐘

除夜の鐘は、人間の煩悩《ぼんのう》と同じ数、108回つきます。新年を迎える前に、鐘の音とともに煩悩を払うそうです。

年越しそば

大晦日には、長く伸びるそばにちなんで長生きするようにと、「年越しそば」を食べます。またそばは切れやすいので、災いや借金と縁を切るという意味で、「縁切りそば」とも呼ばれるそうです。悪いことと縁を切って、新しい気持ちで新年を迎えようというわけですね。

やってみよう お掃除じょうずになろう!

ぞうきん絞り

ぞうきんをギュッと絞るのは力がいります。でも、絞り方を覚えればだいじょうぶです。ぞうきんは小さな手でも絞りやすいサイズのものを用意しましょう。

ぞうきんの絞り方

①ぞうきんを縦にして、利き手を上に、反対の手が下になるように持ちます。
②わきを締めて、手首を内側に絞り込むようにします。

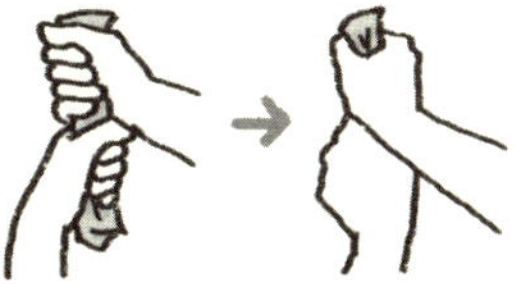

ほうきで掃く

ほうきで掃くとき、ほこりが立たないように、そしてほこり同士がくっつくように、お茶殻や湿らせた新聞紙を床にまきました。掃除機が普及する前の知恵を伝えたいです。

ホウキグサのほうき作り

子どもが使いやすい長さに切った竹の先に、枯れたホウキグサ(9ページ参照)をひもでくくり、ほうきの出来上がり。特大の絵の具筆にもなります。

由来・成り立ち

昔は「すす払い」と言って、一年間のすすを払って家の中を清めました。今は暮れのつごうの良い日を選んで掃除をしますが、昔は12月13日をすす払いの日としている所が多かったようです。

お正月の準備はすす払いから始まるということで、13日を「正月初め」と呼ぶ地方もあります。

1月の扉

ネコ年がないのはなぜ？

あけましておめでとうございます。新しい年になりました。去年は○年《どし》でしたが、今年は○年。みんなは何年かな？　わたしはネコ年です。え？　ネコ年はない？　そうですね、なぜネコ年がないのでしょう。

昔々、神様が動物たちに言いました。「1月1日の朝、一番にわたしにあいさつに来た者から十二番目まで順番に、一年の間、動物の王様にしてあげよう」と。動物たちは張り切って、一番になろうとやる気満々。ところがネコは、あいさつに行く日を忘れてしまいました。そこでネズミに聞くと、ネズミはわざと「1月2日だよ」と、一日遅い日を教えました。すっかり信じたネコは、2日の朝早く神様の所に行きましたが、もちろん時すでに遅し。十二番の中に入ることができなかったんですね。

季節の特徴

旬《しゅん》の食べ物

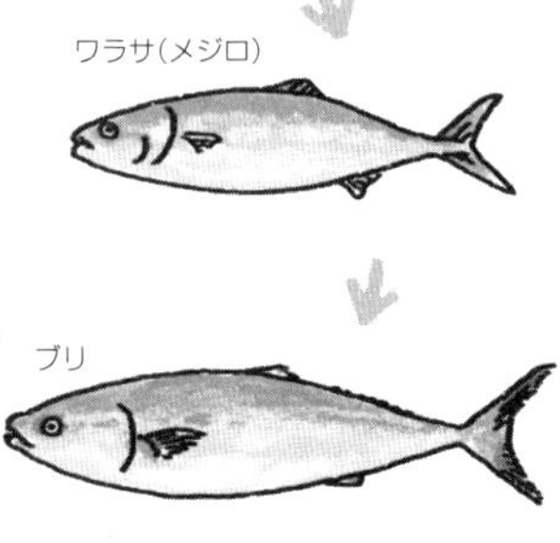

【寒ブリ】

昔、武将が出世すると名前が変わったように、ブリも成長によって名前が変わるので出世魚と言われている。ワカシ(ツバス)(約20cm)→イナダ(ハマチ)(約40cm)→ワラサ(メジロ)(約60cm)→ブリ(約80cm)

保育に生かそう！１月の季節感

暮れから新年にかけて、子どもたちは家庭で日本古来の行事、習慣を体験してきます。園ではだれがいちばん長くこまを回していられるかを競争したり、自分で作ったたこを揚げたり、羽根つき、すごろく、カルタなど、昔からのあそびをみんなで楽しみましょう。

空き缶を使った「かんこウマ」も楽しいです。

遊んでみよう かんこウマ作り

準備物（かんこウマ一つ分）
同じ種類の空き缶（２個）、きり、ひも

①空き缶の両端上部に、きりで穴を空ける。
②穴にひもを通し、輪にして長さを調節する。
③できたら、缶の上に足を置いてげたのように履き、ひもを持ちながら歩く。

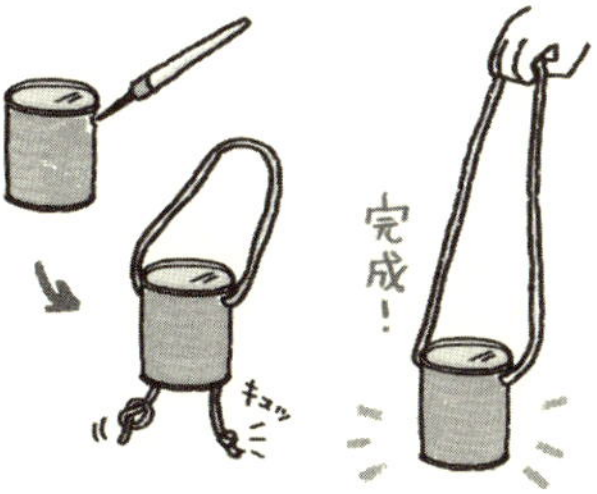

※コンクリートの上を歩くとき、音を良く聞いてみて。何かの音に似ています。

❶月

【キンカン】
ビタミンCとカルシウムが豊富で、かぜ予防に効果あり。

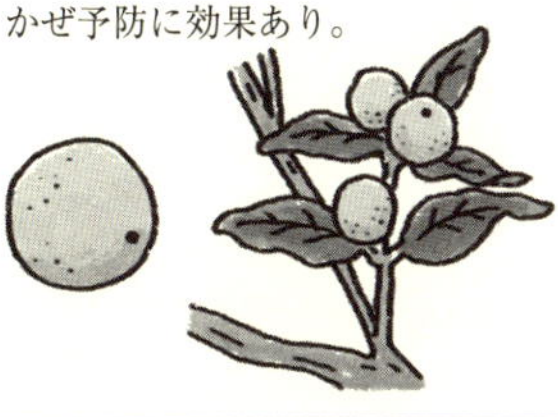

季節の生き物

【スノードロップ】
別名「マツユキソウ」。早春に咲く白い滴のような花。

【フクジュソウ】
新年を祝う花として春一番に咲く。別名「元日草《がんじつそう》」。福を招く、縁起の良い花とされる

1月1日～

お　正　月

ひとくち話

お汁粉食べよう！　鏡開き

きょう1月11日は、鏡開きの日です。お正月に神様にお供えした鏡もちをお汁粉に入れて、みんなで食べましょう。

鏡もちって、おもしろい名前ですね。ずっと昔、丸い鏡は、神様にお祈りをする大切なときに使われていました。ですから、おめでたいお正月のおもちも鏡のように丸くして、「鏡もち」と言うようになったんですって。

おもちは木づちで割ります。さあ、割れるかな。やってみましょう！

作ってみよう　白玉お汁粉

準備物

（約30個分）白玉粉カップ2、水カップ1と⅔カップ

まだおもちが食べられない低年齢の子どもたちのために、おもちの代わりに白玉を入れましょう。

①白玉粉をボウルに入れ、水を少しずつ加えながら練り混ぜる。

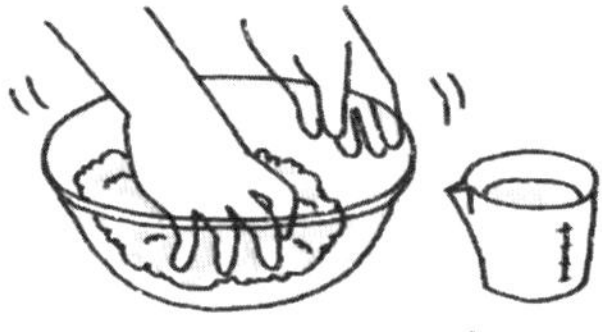

②棒状にまとめて端から小さくちぎり、丸めてから平らに押して中央をくぼませ、沸騰した湯に入れる。浮き上がってから1・2分ゆでて、冷水に取る。

※できた白玉をお汁粉に入れていただきましょう。

遊んでみよう お正月あそび

こま回しのこつ

- ひもは最初強く、少しずつ緩くなるように巻いていく。
- 小指と薬指の間にひもを挟む。
- 肩の高さから斜め前に向かって投げる。スナップを効かせるのがポイント。

こま回し

奈良時代に唐から伝わったと言われる。初めは貴族のあそびでした。

たこ揚げ

子どもの成長を祝って、誕生祝いに揚げました。

羽根つき

羽根は、子どもが病気を運ぶ蚊《か》に刺されず、無病息災で過ごせるようにという願いが込められています。トンボは蚊を食べるので、ムクロジの実をトンボの頭に見たてて羽根をつけました。

なるほど!! 豆知識

ムクロジの種せっけん

羽根つきの羽根の先についているムクロジの実は、昔せっけんの代わりに使われていました。果肉をむいて水の中でもむと泡が出てきます。どんなにおいがするかな。そのままつけておくと、せっけん水になってしゃぼん玉ができます。

なるほど!!豆知識

お正月の飾り

● **門松《かどまつ》**：年神様《としがみさま》が訪れるときの目印。

● **注連飾《しめかざ》り**：外の世界と神の世界との境界線。

● **鏡もち**：神事に使われる鏡と同じ円形をしている。年神様へのお供えで、もちに神の力が宿る。

お正月の料理

● **お屠蘇《とそ》**：一年間の健康を願う薬酒。中国から伝わった。

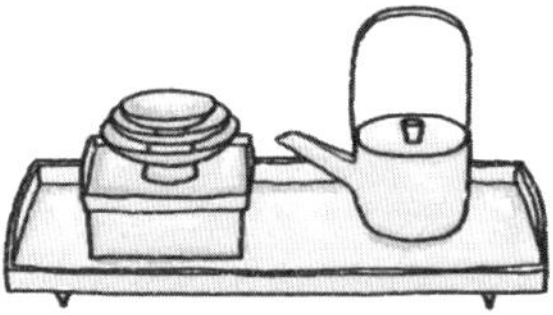

● **お雑煮《ぞうに》**：もともと年神様に供えたダイコン、サトイモ、もちを降ろし、神様と人がいっしょに食べたもの。

● **お節料理**：年神様に供えた縁起の良い料理。海の幸・山の幸・野の幸を入れる。エビ(腰が曲がるほど長生きするように)、数の子(子孫繁栄)、レンコン(穴が空いているので、先の見通しが良い)、コンブ(よろこぶ)、タイ(おめでたい)。

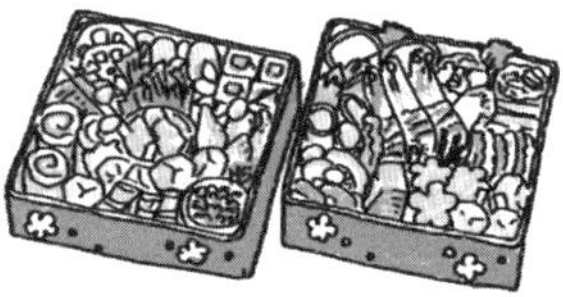

●**七草がゆ**：1月7日に7種類の野草を入れたおかゆを食べると、一年間病気をしないと言われている。スズシロ（ダイコン）、スズナ（カブ）、ナズナ、セリ、ゴギョウ、ハコベラ、ホトケノザ。

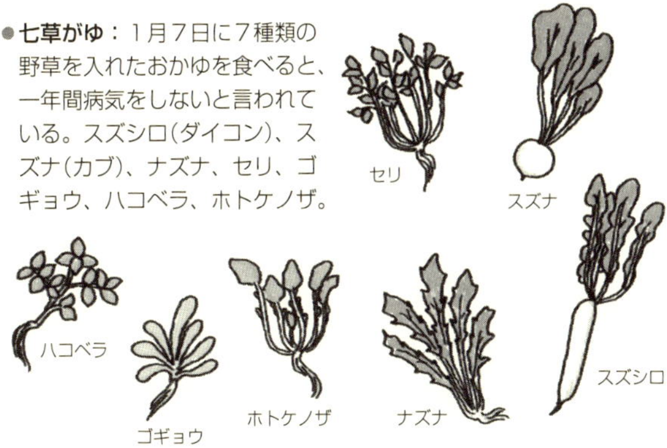
セリ
スズナ
ハコベラ
ゴギョウ
ホトケノザ
ナズナ
スズシロ

初夢のおまじない

●**初夢**：新しい年になって初めて見る夢。1月1日の夜、あるいは2日の夜見る夢と言われています。まくらの下に宝船や悪夢を食べてくれるバクの絵を入れて寝ると、良い夢を見られるそうです。良い夢を見るためのおまじないとして、冬休みに入るときにバクの絵をプレゼントしてあげるとよいですね。

2月の扉

ひとくち話

小さな春を見つけよう

まだ寒いけれど、小さな春が生まれています。ほら、ウメが咲き始めました(ウメの花を部屋に飾っておきましょう)。みんな、ウメの花のにおいをかいだことがあるかな。とってもいいかおりがしますよ(においをかいでみる)。

お散歩のとき耳を澄ませると、ひょっとしたら「ケキョケキョ」って、鳥の声が聞こえるかもしれません。この鳥はまだじょうずに鳴けませんが、春になるととてもきれいな声で鳴きます。さあ、わたしが鳴いてみますよ。なんの鳥かわかるかな？　「ホー、ホケキョ！」

季節の特徴

旬《しゅん》の食べ物

【フキノトウ】
雪が溶ける前に、いちばん早く顔を出す山菜。独特の香りとほろ苦さが初春の味。

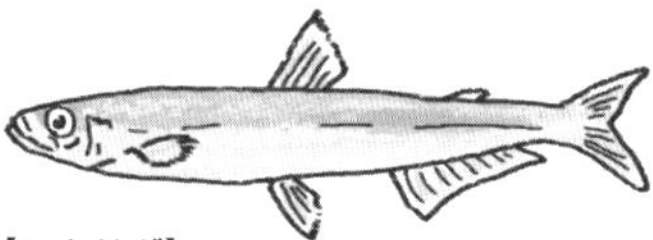

【ワカサギ】
湖面に小さな穴を空けてワカサギを釣る「穴釣り」は、日本の冬の風物詩。

季節の生き物

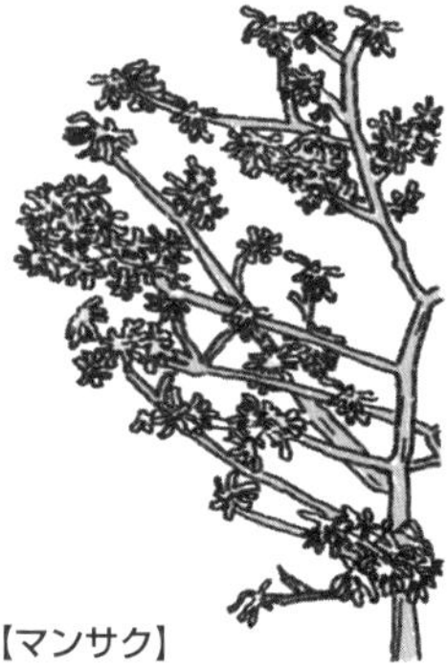

【マンサク】
春に「まず咲く」というのがなまって、「マンサク」と呼ばれる。切り紙細工のような、チリチリした黄色い花。

保育に生かそう！ 2月の季節感

外が冷えているときは、氷を作って遊びましょう。平らな容器に水を入れ、葉っぱやドングリを入れたまま凍らせてみたらどうなるかな。

雪が積もったら、バケツに雪をギュウギュウに詰めて、ひっくり返すと雪プリン。雪プリンの途中までトンネルを掘って、穴の中にろうそくを立てると雪ランプの出来上がり。保護者の方に教えてあげましょう。雪の上にバタンとあおむけに倒れて、人間の形を作るのも楽しいです。そのまま手をバタバタさせたら、天使の羽根みたいになるかも。

【ツバキ】
日本の代表的な花木。約500品種ある。
散るとき花ごと落ちる。

ツバキの葉の器
①裏側へ折り、丸める。　②下の部分を折って差し込むと出来上がり。

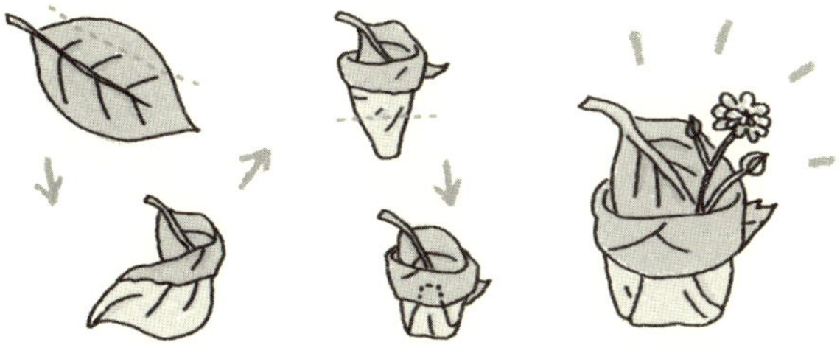

遊んでみよう 小鳥のレストランを作ろう

小鳥たちが食べる虫や実が少ない季節です。園庭にやって来る小鳥たちに、ごはんを作ってあげましょう。どんな鳥が来るか、観察しましょう。

小鳥のレストランメニュー

ピーナッツの首飾り風

殻つきのピーナッツに針などで穴を空けて針金を通し、輪にして木の枝に掛ける。

実だくさんお好み焼き風

①小麦粉に、ヒマワリの種、小鳥用のえさの実、米などを混ぜ、サラダ油を少しずつ加えて耳たぶぐらいの硬さになるまで練る。

②平らにしてお皿に載せ、水を入れたお皿といっしょに園庭に置く。

デザート

ミカンやリンゴを木の枝に刺す。

なるほど!!豆知識

身近な鳥図鑑

●スズメ

鳴き声：チュン　ジュジュ
食べ物：昆虫、草の種

●メジロ

鳴き声：チーチュル、チーチュルルルル
食べ物：昆虫、花の蜜、樹液、木の実

●ヒヨドリ

鳴き声：ピーヨピーヨ　ピーヒョロロ
食べ物：昆虫、花の蜜、木の実

●シジュウカラ

鳴き声：ツーペーツーペー
食べ物：昆虫、木の実

節　分

ひとくち話

「鬼は〜外、福は〜内」

きょうは節分です。昔の人は、怖い病気を持ってくる「鬼」を追い払うために、豆をまきました。みんなは、どんな「鬼」を追い払いたいかな？　泣き虫鬼、いじわる鬼、うそつき鬼、いろんな鬼がいますね。わたしはすぐに疲れてしまうので、「疲れ鬼」を退治したいと思います。

豆をまいた後は、みんなの歳より一つだけ多い数の豆を食べましょう。さあ元気にまきますよ。まずは声を出す練習をしましょう。「鬼は〜外」はい、どうぞ！「福は〜内」はい、どうぞ！

由来・成り立ち

節分とは季節の分かれ目のことで、立春、立夏、立秋、立冬の前日を指しますが、今は立春の前だけを言うようになりました。立春は旧暦では一年の始まりとされています。新しい年を迎える前に厄（鬼）を払って清めようという行事です。豆は鬼の目を打つ「魔目」や「魔滅」に通じていると言われています。

なるほど!! 豆知識

おめでたい尽くしの福茶

福茶。いかにも福が来そうなお茶ですね。塩コンブとウメ干し、豆まきのダイズを家族の人数分湯飲みに入れて熱湯を注ぎます。塩コンブで「喜ぶ」、ウメ干しで「寒い中咲くウメの花」、豆は「まめに働く」を意味します。

おめでたい尽くしのお茶を、保護者の方にも教えてあげましょう。

福を呼び込む恵方《えほう》巻き

節分に恵方（その年の縁起の良い方角）を向いて太巻きを食べます。食べ終わるまでの間、ひと言も話してはいけません。具にはカンピョウ、キュウリ、シイタケ、卵、でんぶなど、七福神にちなんで7種類の具を入れます。福を巻き込むという意味があります。子どもたちには細巻き半サイズでもいいですね。一年間病気をしないそうです。

やってみよう 鬼払い

節分には「鬼払い」のおまじないがあります。「やいかがし」と言って、焼いたイワシの頭をヒイラギの枝の先につけて玄関に差しておきます。鬼はイワシのにおいに「うっ」となり、ヒイラギのとげで目を刺して「痛い！」。さっさと退散するそうです。保護者にも伝え、家庭で試してもらえるといいですね。

遊んでみよう 鬼になろう!

同色の長そでTシャツとタイツを身につけます。シマシマ、水玉、ストライプなど、四角い不織布に好きな模様をクレヨンでかいて、腰に巻きます。そして「鬼頭帽子」をかぶれば、赤鬼、青鬼、黄鬼、紫鬼……カラフルな子鬼の出来上がり！

鬼《おに》頭《あたま》帽《ぼう》子《し》の作り方

①半分に切った紙袋を頭にかぶり、目にかからないように切り口を折る。

②頭に角（円錐形にして色を塗ったり、ビニールテープを巻いたりしたもの）や、モジャモジャの髪（毛糸やひも、モールなど）をつける。

2月ごろ

生活発表会

ひとくち話

拍手のシャワーを浴びる日

わたしがみんなぐらいのときのことです。たくさんのおかあさんやおとうさんたちの前で劇をしました。ウサギの役だったのですが、すごくドキドキして、何を言ったらいいのか忘れてしまいました。そうしたら先生が助けてくれて､最後は大きな拍手をもらいました(自身の体験から緊張をほぐす)｡みんなも、いつものようにうたって踊って劇をして、楽しくやろうね。つっかえてもだいじょうぶ。先生がついているからね！

やってみよう 演出ア・ラ・カルト

赤ちゃんの発表会

赤ちゃんは泣いてもかわいいし、そこにいるだけでもかわいいですね。「○○ちゃーん！」と呼ばれて「ハーイ！」。お返事一つで抜群の存在感。

また、いつも保育者と遊んでいる手あそびを、舞台でおかあさんといっしょにするのも、親子のコミュニケーションになります。

会場もいっしょに

観客を巻き込んだプログラムもあると楽しいです。例えば、子どもたちが考えたなぞなぞを出して答えてもらう。歌に手話をつけ、観客への手話レッスンを入れていっしょにうたう。手話の先生は、もちろん子どもたちです。

3月の扉

ひとくち話

春が来た！

みんなが秋に植えた球根がどんどん育って、花が咲き始めています。チューリップの花は何色かな。楽しみですね。庭の隅っこにも、ほら、ハコベやヨモギ、タンポポ……（野の草を摘んでカップに挿しておく）。みんな春が来たよーって、元気に顔を出しました。アリさんやチョウチョウにも、もうじき会えるかもしれませんね。みんなも小さな春を見つけたら、教えてくださいね！

季節の特徴 ③月

旬《しゅん》の食べ物

【ワカメ】
海藻は海の野菜。血中コレステロール値を下げたり、動脈硬化や心筋梗塞を防ぐなどの効果がある。

季節の生き物

【ヨモギ】
キクの葉に似ていて、裏面に灰白色の綿毛が生えている。この綿毛は乾燥させるとおきゅうのもぐさになる。

【モクレン】
モクレン類は、地球上の花木の中でもっとも古い。1億年以上前から今の姿。

【ナノハナ】
ナノハナからナタネを収穫し、ナタネ油を作る。

【ジンチョウゲ】
室町時代に中国からやって来た。初春一番のいい香り。

保育に生かそう! 3月の季節感

ヨモギはこのころまだ顔を出したばかりで柔らかいので、だんごにするにはぴったり。万葉の時代、人々は春の野原に摘み草に出かけました。ヨモギが手に入ったら、だんごを作ったり手で草をもんで香りをかいだりしましょう。

作ってみよう ヨモギだんご作り

準備物

おだんご総数30個分：上新粉200ｇでおだんご１串（３個）が10本の目安。ヨモギ二握り、重曹小さじ⅔、上新粉カップ１、砂糖大さじ３、竹ぐし10本、なべ、

①ヨモギは葉先の柔らかい部分をよく水洗いして、重曹を加えた熱湯に入れてゆで、水にさらしておく。

②ヨモギの水気を絞った後棒でたたいて、みじん切りにしたものをすり鉢ですりつぶす。

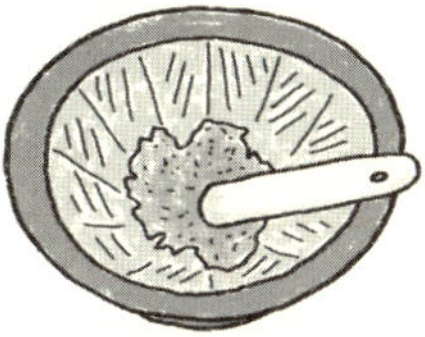

③上新粉にカップ½のぬるま湯を加えてよく混ぜ、手でこねて端から小さくちぎり、濡れぶきんを敷いた蒸し器に入れて強火で25分ほど蒸す。透き通ったらＯＫ。

④③と②を混ぜて砂糖を加え、すりこ木でつき、手で混ぜ合わせる。ちぎってだんごに丸める。

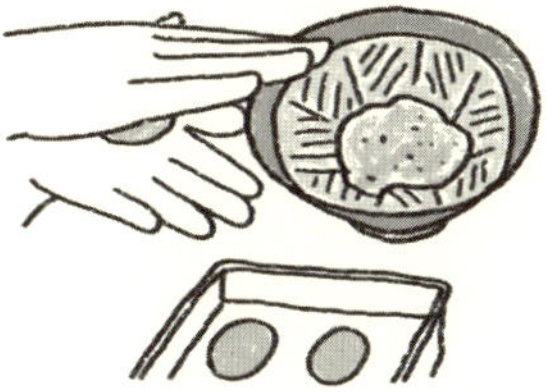

⑤きな粉やあんこをつけて食べる。

3月3日

ひな祭り　桃の節句

ひとくち話

流しびなのお話

ひな祭りは、きれいなお人形を飾って、女の子の幸せを願うお祭りです。でも、昔は紙や土で作った人形を船に載せて川や海に流しました。まだ薬も病院もないころのお話です。自分や家族の体に痛い所があると、人形の同じ場所を触って、「どうか、早く治りますように」とお願いしました。そして人形にフッと息を吹きかけてから船に載せて川に流しました。人形に病気を持っていってもらったんですね。そのお人形さんのことを、「流しびな」と言います。病気は治ったのでしょうか。

なるほど!! 豆知識

モモの花の力

ひな祭りは「桃の節句」と言います。中国ではモモは悪魔を払う神木とされています。

3月3日に摘んだモモの花びらを漬けた「桃花酒」を飲むと、若さと健康を保てるそうです。

由来・成り立ち

3月初めの巳の日に川に入って水で汚れを清める中国の「上巳節《じょうしせつ》」の風習と、自分の身代わりの人形に災いを移して川や海に流す日本の「流しびな」の風習が合体。平安時代になると、女の子たちの人形あそび「ひいなあそび」に結びついて、やがてりっぱな人形を飾り、女の子の幸せを願う行事となりました。

遊んでみよう

いろいろおひなさま

（小石のおひなさまを置いておく）。

導入：小石おひなさまです。みんなも、石や枝や泥だんごや葉っぱ……、なんでもいいですよ。好きなものでおひなさまを作ってみましょう。作ったら願い事を一つして、フッと息を吹きかけて、園庭の好きな所に飾りましょう。きっと、願い事をかなえてくれますよ。

小石おひなさま

①小さな石を千代紙でくるみ、モールで留める。
②ナノハナとモモの花をそれぞれ挿す。
③赤いフェルトの上に載せる。

小枝おひなさま

泥だんごおひなさま

葉っぱおひなさま

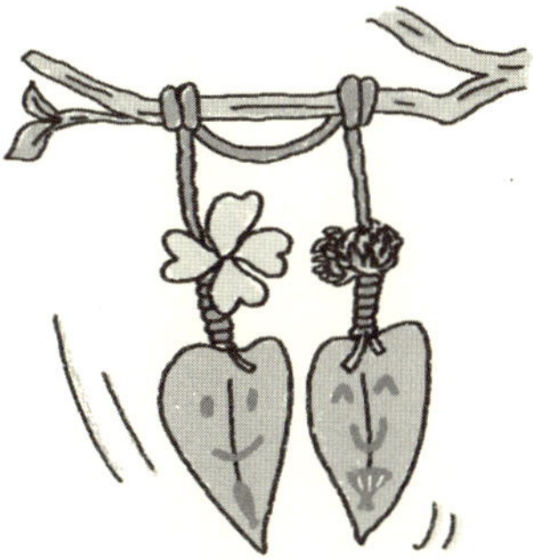

なるほど!!豆知識

おひなさまの飾り方

ひな人形は節分が終わったら飾り、ひな祭りが終わったら2～3日中に片づけます。

1段目　内裏《だいり》びな　関東では向かって左が男びな、右が女びな(関西では逆)。

2段目　三人官女《さんにんかんじょ》　左から　提子《ひさげ》(お銚子の一種)、三方、長柄銚子を持つ。

3段目　五人囃子《ごにんばやし》　左から太鼓、大鼓、小鼓、笛、謡。

4段目　随身《ずいじん》(宮廷を警護する人)　左が右大臣、右が左大臣(最高位の大臣)。

5段目　仕丁《してい》(家来)　立傘、踏み台、台傘を持つ。仕丁の左に右近の橘、右に左近のサクラ。

6・7段目　道具　たんす、長持、鏡台、針箱、駕籠、御所車など。

おひなさまの小物いろいろ

●**ひしもち**：「紅・白・緑」の色は、「雪が溶けて、草が芽生え、花が咲く」という意味があります。

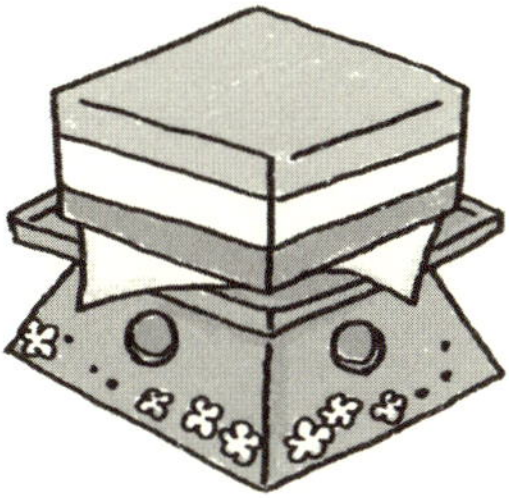

●**白酒**：モモの花を「太陽」、白酒を「月」に見たてて、「日と月を祭る」意味もあるそうです。

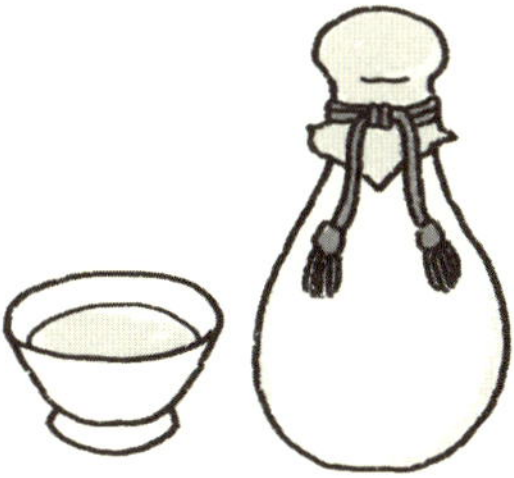

●**ハマグリのお吸い物**：ハマグリの2枚の殻は、ほかの貝殻とは決して合わせることができません。そこで、一夫一婦の意味があります。

●**ひなあられ**：もちや豆に砂糖をからめて炒《い》ったもの。炒るときにはじけると吉、あまりはじけないと凶だとか。

●**草もち**：ヨモギは薬草で、魔よけの力があると考えられています。

終　業　式

ひとくち話

お兄さん、お姉さん、よろしくね！

皆さん、きょうでこの部屋とも○○組の名札ともお別れです。今度園に来るときは新しい名札をつけて、新しい部屋に行きます。一つお兄さん、お姉さんになるのですね。新しいお友達も入ってきますから、いっしょに遊んであげたり、わからないことは教えてあげたりしてください。

わたしは一年間、○○組のみんなといっぱい遊べてとても楽しかったです。ありがとう！

やってみよう　また一つ、大きくなるね

お部屋にありがとう!

一年間過ごした部屋を掃除しましょう。「今度この部屋に来るお友達が気持ち良く使えるように、みんなできれいにしましょう」と話します。遊具や道具を所定の場所に片づけ、床のぞうきんがけ、棚や机の乾ぶきなど、「きれいにして渡してあげよう」という気持ちがわけば、子どもたちは一生懸命やります。

メッセージを残そう!

掃除が終わったら、次に使う人たちのために何かメッセージを残してあげると、クラスとクラスがつながります。例えば、「○○ぐみのみんなへ。へやをきれいにおそうじしました。いっぱいあそんで、いっぱいよごしてください。また、おそうじにきてあげるからね」「ここから、にわのけやきのきがみえます。ぼくたちのあたらしい○○ぐみのへやにもあそびにきてね」などなど。

どこかにプレゼントを隠しておいて、探してもらうのも楽しいです。

3月中旬～下旬

修了式・卒園式

ひとくち話

ひとりひとりに「おめでとう！」

みんなひとりひとりの顔を見ていると、いろんなことが浮かんできます（小さなことから大きなことまで、具体的なエピソードを話す）。4月から小学校に行くのですね。わたしはここにいますから、顔を見せに来てください。○○も□□も△△も（園の動物たちや木々）待っていますから。卒園、おめでとう！（ひとりずつ握手をしながら）

やってみよう 心に残る特別な日のために

花畑の卒園式

ある園では、卒園式に3000本のナノハナを会場いっぱいに飾ります。やわらかなナノハナの色が、ハレの日を晴れやかに演出してくれます。

卒園ファイル

ひとりひとりに卒園証書、担任の保育者といっしょの写真、家族からのメッセージなどを入れた卒園ファイルを渡します。園にシンボルツリーがあったら、その葉っぱを挟んでもよいですね。

世界に一つの贈り物

運動会のときみんなで作った飾り旗を使った手作りバッグや園庭に咲く花の種をプレゼントしたり、園でとれた木の実で作ったジュース（卒園式の日にしか飲めないスペシャルドリンク）で乾杯したり、園の思い出を形にした贈り物は、世界に一つしかありません。

その他の行事や記念日

4月1日 エイプリル・フール

ユーモアのある楽しいうそならついてもいい日

昔フランスでは4月1日が新年だったので、3月25日からお祭りをして祝っていました。ところが1564年、シャルル9世が1月1日を新年にしたため、人々はがっかり。4月1日を“うその新年”として、ユニークなうそをついて楽しむようになったそうです。

「4月ばか」というのは、インドの仏教徒が毎年3月末に行なう一週間の厳しい修行を終え、4月1日になると、また元の愚かな人間に戻ってしまうということをからかった言葉だとか。春を迎えてウキウキした人々の気持ちが表れています。

4月上旬 お花見

サクラの下で神様と過ごす一日

サクラは昔から神聖な木とされています。サクラの「サ」は「田の神」、「クラ」は「神蔵」と言って、「神様がいらっしゃる家」を表します。お花見は山の神様がサクラを目印に下りて来て、人々といっしょに食事をするという古代の信仰行事が元になっています。

サクラを巡る美しい言葉があります。風に乱れ散る花びらのようすは「サクラ吹雪」、寄り集まって水に浮くと「花《はな》筏《いかだ》」、サクラが咲く季節に多い気まぐれな寒さのことを「花冷え」、曇り空を「花曇り」など、一つ一つの言葉に、日本人のサクラに対する特別な思いを感じます。

4月8日 花祭り（灌仏会《かんぶつえ》）

お釈迦様の誕生日

仏教の創始者、お釈迦様はこの日、ルンビニーの花園で生まれました。お釈迦様が誕生すると、天から竜が降りてきて、香水で産湯を使わせたと言われています。そのことから、お寺の境内にお花で飾った花御堂を作り、その中の水盤に小さな誕生仏を安置し、参拝者がひしゃくで甘茶を掛けて祝うようになりました。昔は５色の香水を掛けましたが、江戸時代からアマチャの葉を蒸して作る甘茶を掛けるようになりました。甘茶で墨をすって字を書くと、書道が上達するそうです。

4月29日 昭和の日

昭和に学び、未来に生かそう

昭和天皇の誕生日を祝う「天皇誕生日」でしたが、1989年に「みどりの日」となり、2007年から「激動の日々を経て、復興を遂げた昭和の時代を顧み、国の将来に思いをいたす」という趣旨で「昭和の日」となりました。

昭和世代の人たちに、ことろことろ、靴隠し、ゴム跳び、すいらいかんちょう……などのあそびを教えてもらいましょう。最後はちょっと激しいスキンシップ「♪たたいて、ひねって、またあした！」でさようなら。

5月3日 憲法記念日

わたしたちの国が大切にすること

ＧＨＱ最高司令官マッカーサーの指令で草案が起草された日本国憲法が、1947年５月３日に施行され、1948年に国民の祝日になりました。

日本国憲法の三つの柱は「国民主権」「基本的人権の尊重」「平和主義」です。日本の憲法は世界で唯一、外国に侵略することを目的とした軍隊は持たず、二度と戦争をしないことを誓っているため、「平和憲法」と言われています。

6月4日 虫歯予防デー

歯を大切にしましょう

「6《む》」と「4《し》」で、虫歯予防の日。日本医師会が1928年に制定したのが始まりです。1958年から厚生省と文部省（いずれも当時）が、この日から一週間を「歯の衛生週間」として虫歯予防と早期発見、治療を呼びかけています。

昔から上の乳歯が抜けたら縁の下に、下の歯の場合は屋根の上に、「じょうぶな歯になれー！」と言って投げる習慣があります。

6月10日 時の記念日

時間を大切にしよう

『日本書紀』によると、日本では671年４月25日に初めて水時計で時を知り、鐘などを鳴らして人々に知らせたそうです。そこで1920年、４月25日を新暦に置き換え、６月10日を「時の記念日」としました。

時間の大切さを呼びかける日です。砂時計や和ろうそく（長さで燃焼時間がほぼ決まっている）をつけて絵本を読み語り、時間の長さを実感してみるのもよいでしょう。

7月13日〜16日 お盆

先祖を迎える日

お盆は先祖の霊を迎えて供養する日で、正式には「盂蘭盆会《うらぼんえ》」「精霊《しょうりょう》会《え》」と言います。釈迦の弟子目連が地獄に落ちた母の霊を救うため、7月15日に供養したのが始まりとされています。旧暦７月の行事なので、月遅れの８月に行なう地域も多いです。

盆踊りは先祖に、「わたしたちは元気でやっていますよ」と伝える意味があります。古い写真などを見ながら、身近なご先祖様のお話をしてみましょうと、保護者に伝えたいですね。

7月中旬 プール開き

水神様にお願い

日本には「山開き」「川開き」「海開き」として、山の事故、水難事故が起こらないように願って、おはらいをする風習があります。

富士山はもともと霊力をつけるために修行する神聖な場所とされていましたが、夏の間だけ、一般の人も山に入ることが許されました。これが7月1日で、山開きの日です。

子どもたちの楽しみはプール開き。川開きでは水神様にお供え物をささげるそうですが、プールの水神様にとっては、子どもたちの歓声がいちばんうれしいと思います。

7月第3月曜日 海の日

海は広いな、大きいな

「海洋国家として広く国民に海への理解と関心を求める」という趣旨で、1996年に制定されました。明治9年に明治天皇が東北を巡った後、汽船の明治丸で横浜港に戻られた日が7月20日だったので「海の記念日」となりましたが、2003年以降、7月第3月曜日に変更されました。島国の日本には、有人・無人併せて海岸線の長さが100m以上ある島が6852島もあります。まさに海洋国家と言えるでしょう。

旅行などで海に行ったら、ぜひ貝殻や砂を拾ってきて、園で子どもたちに触れさせてあげましょう。ほのかな潮の香りとともに、海にまつわるお話にも興味を持ってくれます。

8月6日 広島原爆記念日
8月9日 長崎原爆記念日
8月15日 終戦記念日

平和を誓う日

1945年8月6日午前8時15分、アメリカのB29エノラ・ゲイ号が広島市上空9600mで世界最初の原子爆弾「リトルボーイ」を投下。一瞬のうちに約25万人の命が奪われました。その3日後、午前11時2分に史上二番目の原子爆弾「ファットマン」が長崎市に投下され、約8万人の命が奪われました。そして8月14日、日本はポツダム宣言を受諾して降伏し、翌8月15日、太平洋戦争が終わりました。

数多くの尊い犠牲があった上で今の平和な日本があることを、決して忘れないようにしましょう。

9月1日 防災の日

もしものときに備える日

1923年9月1日に起きた関東大震災の教訓を忘れないようにし、さらにこの日は立春から数えて210日目の「二百十日」に当たることが多く台風の時季でもあるので、防災を呼びかける目的で1960年に制定されました。

農家ではイネが被害に遭わないよう、風よけのまじないをします。富山市八尾町の「越中おわら風の盆」もその一つです。

9月20日～26日 動物愛護週間

みんな、命ある仲間

動物の命を大切にし、愛情を持って育てましょうと呼びかける日です。アメリカで始まりました。日本では1927年5月28日から一週間行なわれていましたが、今は「秋分の日」を中心に行なわれています。

園にいる生き物たちはストレスをためていませんか。カメもウサギも小鳥も、みんな同じ命を持っています。

10月1日～12月31日
赤い羽根共同募金

助け合う気持ちを大切に

1947年４月、戦争孤児や貧しい人々を助けようと、フラナガン神父の勧めで、長崎・佐賀・福岡で「共同募金運動」が実施されたのが始まりです。

募金をすると、赤く染めたニワトリの羽根がもらえます。明るさを感じさせる赤い羽根は、助け合いのシンボルとなりました。

10月10日 目の愛護デー

目の健康をチェックする日

1931年に中央盲人福祉協会の提唱で、「10」「10」を横にした形を目とまゆに見たてて「視力保存デー」とし、戦後「目の愛護デー」に改称しました。目の健康管理の呼びかけや、失明した人に対する福祉運動などの行事が行なわれています。

盲導犬は、盲人の方たちの命を支える“目”です。子どもたちの盲導犬への関心と興味を育てましょう。

10月27日～11月9日 読書週間

本っていいな！

1924年、日本図書館協会が利用ＰＲを目的に「図書週間」を始め、1933年に「図書館週間」と改称。その後、戦争の悪化とともに廃止されましたが、1947年に「読書週間」となりました。現在子どもの本離れが進んでいますが、本は想像力を育てる素晴らしい媒体です。本に触れる機会を多く持ちたいものです。

子どもたちに読み聞かせをする本は、実際に保育者自身が読んでみて、この本、いいな！　と思うものを選びましょう。保育者ひとりひとりの「推薦絵本リスト」を充実させることで、保育の幅も広がります。

10月第2月曜日 体育の日

健康な体と心を培う日

「スポーツにしたしみ、健康な心身をつちかう」日です。1964年東京オリンピックが開催され、気象庁の観測史上、全国的に晴天の多い特異日である10月10日に開会式が行なわれました。これを記念して1966年に10月10日を「体育の日」とし、2000年からは10月第２月曜日になりました。

10月31日 ハロウィン

魔女とクロネコとカボチャの日

キリスト教の「万聖節」の前夜祭で、起源はアイルランドの古代ケルトのお祭りです。古代ケルト暦では11月１日が新年なので、大晦日の10月31日に、死者の霊や悪魔が地上に迷い出るとか、クロネコを連れた魔女がほうきに乗って飛んで来て悪さをすると信じられていました。人々は先祖の霊を招き悪魔を追い払うために、盛大な火祭りをしました。

この日のシンボルはカボチャのランタン（ジャック・オ・ランタン）、シンボルカラーはオレンジと黒です。子どもたちがおばけなどのふん装をして、戸口で「お菓子をくれなきゃいたずらするよ」と言い、お菓子をもらう風習があります。

11月3日 文化の日

わたしたちがはぐくんでいくもの

1946年に日本国憲法が公布されたのにちなんで、1948年に制定された国民の祝日。自由と平和を愛し、文化を勧める日です。以前は明治天皇の誕生日を祝う「明治節」という祝祭日でした。

文化はその国の自然条件や特質を受け入れて、そこに住む人々がはぐくんでいくものです。行事や伝承あそびもその一つ。子どもたちが楽しんで親しめるように、保育に取り入れていきましょう。

11月23日 勤労感謝の日

収穫を感謝から生産を感謝へ

かつては「新嘗祭《にいなめさい》」(天皇が新しく収穫された新穀を食べて、その年の収穫を感謝する儀式)という祭日でした。新嘗祭は飛鳥時代から始まり、現在も皇室で行なわれています。

1948年に「勤労感謝の日」となり、「勤労をたっとび、生産を祝い、国民たがいに感謝しあう日」となりました。

12月23日 天皇誕生日

天皇のお誕生を祝う日

1989年、昭和天皇が崩御。皇太子明仁親王が即位され、元号は「平成」と改められました。そして、今上天皇の誕生日、12月23日が「天皇誕生日」となりました。

戦前、天皇は生ける神とされ、誕生を祝う日のことも「天長節《てんちょうせつ》」と呼んでいましたが、戦後は日本の象徴として国民と近い存在になりました。

1月第2月曜日 成人の日

社会的に大人になったことを祝う日

奈良時代以降、男子は「元服」と言って、15歳ごろになると髪型や服を大人のものに替え、冠をかぶりました。「冠婚葬祭」の「冠」は、元服のときにかぶる冠を指し、今は成人式を意味しています。「おとなになったことを自覚し、みずから生き抜こうとする青年を祝いはげます」日です。20歳をもって成人とし、毎年1月15日に祝っていましたが、2000年から1月第2月曜日になりました。

2月11日 建国記念の日

日本を愛する心を育てる日

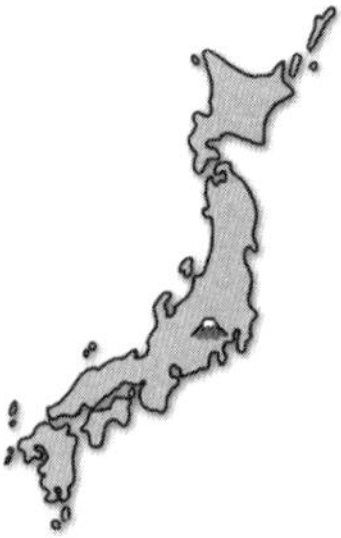

日本で最初の天皇、神武天皇が即位した日(紀元節)として1872年に制定されましたが、戦後廃止されました。1966年に再び、「建国をしのび、国を愛する心を養う」という趣旨で「建国記念の日」を制定し、国民の祝日としました。

日本には四季折々の美しい自然があり、はぐくまれた文化があります。わたしたち自身がまず日本の良さを知り、感じ、子どもたちに伝えていきましょう。

2月14日 バレンタインデー

“好き”がいっぱいの日

3世紀、ローマ帝国では戦闘意欲が損なわれるという理由で兵士の結婚が禁止されていました。しかしバレンタイン司祭は兵士をひそかに結婚させたため、罰として2月14日に処刑されてしまいました。その後この日が「愛の日」となり、女性から男性に愛の表現として贈り物をするようになりました。

ヨーロッパでは大切な友達にカードを送ったり、子ども同士でキャンディーを交換したりします。女性から男性へチョコレートを贈る習慣は、日本独自のものです。

3月14日 ホワイトデー

“好き”がいっぱい返ってくる日

バレンタインデーに女性からプレゼントを受けた男性が、お返しをする日です。由来は、バレンタイン司祭が処刑されてから1か月後の3月14日に、一度は別れた兵士とその恋人が、あらためて永遠の愛を誓い合ったからだそうです。

3月3日 耳の日

人の話を良く聞けるかな

耳の健康に気をつける日であるとともに、耳をコミュニケーションの器官として大切にしましょうという意味で、日本耳鼻咽喉科学会が3月3日を「耳の日」にしました。「鼻の日」（8月7日）「ひげの日」（8月8日）「目の愛護デー」（10月10日）と合わせて、「日本4大顔面記念日」だそうです。

動物の耳はどんな形かな？　動物たちにとって、耳がどんな役割をしているのかを子どもたちと話し合ってみるのもいいですね。

3月末～4月初め（春分後の満月の次の日曜日）イースター

春が来る喜び

長い冬を終え、やっと迎えた春を祝う古代の季節行事に、キリストの復活を祝う行事が結びつきました。イースターは日本語で「復活祭」の意味で、語源は「春の女神」。イースターになくてはならないのが、ゆで卵（卵はキリストの復活の象徴）を色とりどりに塗ったイースターエッグと、これを持ってくるイースターバニーというウサギ（春の象徴）です。

3月末～5月ごろ 潮干狩り

水でけがれをはらおう

起源は、旧暦3月3日のひな祭りの日に行なわれる「いそあそび」です。この時期、一年でいちばん干満の差があるので、潮干狩りには最適です。

そもそも「いそあそび」とは、水・潮でけがれをはらう意味と、戸外で神様といっしょに飲食をする風習がいっしょになったもので、農作業に入る前に行なわれました。時期限定の自然あそびです。

二十四節気 わたしたちに季節の表情を教えてくれる暦

今わたしたちが使っているカレンダーは、地球が太陽の周りを１回転する周期（約365.24日）を１年とした「太陽暦」（新暦）です。明治５年までは月の満ち欠けの周期（約29.53日）を１か月とし、これに太陽暦の要素を加えた「太陰太陽暦」（旧暦）で暮らしていました。季節は地球と太陽の位置関係で変化するので、月の満ち欠けをベースにしている旧暦では実際の季節と月日がずれてしまいます。そこで登場したのが、太陽の動きに合わせて１太陽年を24等分した「二十四節気」です。1200年前から、人々が15日ごとに自然の微妙な変化を感じ、暮らしに生かしてきた暦です。中国で作られたので、日本の季節感と若干ずれていますが、今でも農業や漁業で活用されています。日常生活の中で、二十四節気を目安に季節の移り変わりを五感で感じてみてください。

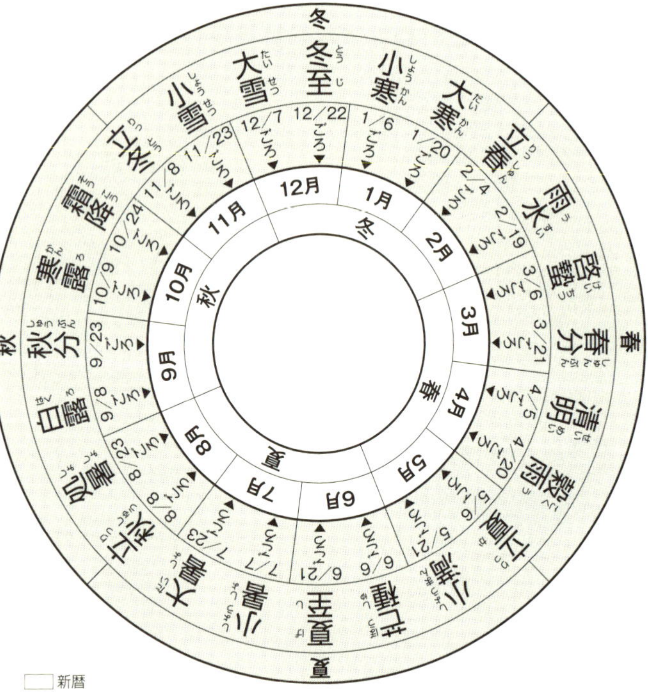

新暦
旧暦
※二十四節気の月日は、新暦に直しています。

資料提供：NPO PLANT A TREE PLANT LOVE
www.plantatree.gr.jp
www.tomoiki.tv

名前	時季	意味
立春《りっしゅん》	2月4日ごろ	春らしい兆しが見えるころ。 
雨水《うすい》	2月19日ごろ	雪が雨に変わるころ。
啓蟄《けいちつ》	3月6日ごろ	虫が土の中から出てくるころ。 
春分《しゅんぶん》	3月21日ごろ	昼と夜の長さが同じになる日。
清明《せいめい》	4月5日ごろ	草木の芽が伸び、育つころ。 
穀雨《こくう》	4月20日ごろ	春の雨が穀物を育てるころ。 
立夏《りっか》	5月6日ごろ	夏らしい兆しが見えるころ。 
小満《しょうまん》	5月21日ごろ	草木がぐんぐん生長するころ。
芒種《ぼうしゅ》	6月6日ごろ	ウメの実が熟し、田植えのころ。 
夏至《げし》	6月21日ごろ	昼がいちばん長く、夜が短い日。
小暑《しょうしょ》	7月7日ごろ	梅雨《つゆ》が明け、暑くなるころ。
大暑《たいしょ》	7月23日ごろ	一年でいちばん暑いころ。 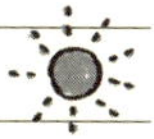
立秋《りっしゅう》	8月8日ごろ	秋らしい兆しが見えるころ。
処暑《しょしょ》	8月23日ごろ	暑さが治まり、台風が来るころ。 
白露《はくろ》	9月8日ごろ	朝夕、涼しくなるころ。
秋分《しゅうぶん》	9月23日ごろ	昼と夜の長さが同じになる日。
寒露《かんろ》	10月9日ごろ	草木に露が降り、秋本番のころ。 
霜降《そうこう》	10月24日ごろ	霜が降り、秋が終わるころ。 
立冬《りっとう》	11月8日ごろ	冬らしい兆しが見えるころ。
小雪《しょうせつ》	11月23日ごろ	初雪が降るころ。 
大雪《たいせつ》	12月7日ごろ	山々が雪景色になるころ。
冬至《とうじ》	12月22日ごろ	昼がいちばん短く、夜が長い日。 
小寒《しょうかん》	1月6日ごろ	本格的な寒さを迎えるころ。
大寒《だいかん》	1月20日ごろ	一年でいちばん寒いころ。 

行事・記念日さくいん

参考文献

『三省堂年中行事事典』／田中宣一・宮田登　編／三省堂
『もののはじまり物語』／浅井得一　監修／実業之日本社
『日本年中行事辞典　角川小辞典16』／鈴木棠三　著／角川書店
『草花や野菜の育て方　学習自然観察』／富田京一　監修／成美堂出版
『東京歳時記』／小学館
『家族と楽しむ　日本の行事としきたり』／石田繁美　編／ポプラ社
『学習百科大事典』／小学館
『ニューワイド　ずかん百科』／学習研究社
『学研の図鑑20　植物のくらし』／小林万寿男　監修／学習研究社
『太陽　四季の草花あそび』／平凡社
『草花あそび』／熊谷清司　著／文化出版局
『手づくりお菓子　おおぜいの私料理集５』／協同図書サービス
『日本の樹木　山渓カラー名鑑』／林弥栄　編・解説／山と渓谷社
『身のまわりの木の図鑑』／葛西愛　著／長岡求　監修／ポプラ社
『日本の味探究事典』／岡田哲　編／東京堂出版
『食物事典』／山本直文　著／柴田書店
『子どもに教える 今日はどんな日？』／高橋司　著／ＰＨＰ研究所
『記念日・祝日の事典』／加藤迪男　編／東京堂出版

<著者>
すとうあさえ

幼年童話作家
東京都に生まれる。お茶の水女子大学(児童学科)卒業後、幼児教育番組の制作を経て絵本の世界に入る。1996年より駒場幼稚園(目黒区)で課外のあそびクラスを担当。草や花、土や水など「五感を揺さぶる素材」で遊んでいる。
現在、日本児童教育専門学校　埼玉純真短期大学　非常勤講師
NPO PLANT A TREE PLANT LOVE理事
社団法人児童文芸家協会理事

- 絵本に「まあばあさんのゆきのひピクニック」「ざぼんじいさんのかきのき」(以上岩崎書店)「ちょっぺいじいちゃん」(文研出版)「ひなたむらのしんまいおまわりさん」(ＰＨＰ研究所)「たまごさんがきた」(偕成社)「ひなたぼっこいし」(韓国ウーンジン社)「じいちゃんのステッキ」(韓国ハンリム出版社)など。
- 紙芝居に「ないしょのゆきあそび」「くまくみちゃ〜ん」「かえるるちゃんのおみまい」(以上童心社)「はなたろうとあかべえ」(メイト出版)など。
- 「子どもと楽しむ行事とあそびのえほん」(のら書店)で産経児童文化出版賞受賞。

ひかりのくに保育ポケット新書⑤
話して！　遊んで！　楽しんで！
アイデアたっぷり年中行事
〜行事と季節のおはなし&あそび88〜

2008年10月　初版発行
2009年 6月　4版発行

著　者　すとうあさえ
発行人　岡本　健
発行所　ひかりのくに株式会社

〒543-0001　大阪市天王寺区上本町3-2-14　郵便振替00920-2-118855　TEL.06-6768-1155
〒175-0082　東京都板橋区高島平6-1-1　郵便振替00150-0-30666　TEL.03-3979-3112
ホームページアドレス　http://www.hikarinokuni.co.jp

Printed in Japan
ISBN978-4-564-60738-7
NDC376　112P　17×10㎝

印刷所　図書印刷株式会社